イラストと図表で、わかりやすく解説!!

職長・安全衛生責任者と事業主が現場ではたす事業者責任

刑事責任

民事責任

職長・安責者

行政的責任

社会的責任

安全を基本に

林 利成 著

JN113175

労働新聞社

はじめに

　工事現場で働く作業員の安全と健康を守るのは誰でしょうか。真っ先に思い浮かぶのは、元請会社です。しかし、元請会社は作業員の安全と健康について直接的な責任は負っていません。元請会社が行っているのは、「元方事業者責任や特定元方事業者責任にもとづく指導・是正と工事現場の統括管理など」です。

　作業員の安全と健康を守るのは、作業員を雇用している会社です。作業員を雇用しているそれぞれの会社に対して、作業員の安全と健康を守る義務が課せられています。

　会社は、手も足もありませんので、現実的に工事現場で働く作業員の安全と健康を守ることはできません。実際に作業員の安全と健康を守るのは、職長・安全衛生責任者です。職長・安全衛生責任者は、「会社としてはたすべき事業者責任」の実行責任者として、会社の命を受けて工事現場に来ているのです。

　工事現場で重大な災害や第三者災害が発生した場合、職長・安全衛生責任者、事業主、会社に対して「刑事責任、行政的責任、民事責任、社会的責任」が追及されることになります。

　この本では、職長・安全衛生責任者と事業主がはたすべき責任となすべきことについて、わかりやすく説明しています。職長・安全衛生責任者と事業主がその責任を認識し、はたされることを期待します。

2023年9月

東京安全研究所
所長　林　利成

本書の構成

第1章　事業者責任とは

事業主、職長、安全衛生責任者についての概要説明をしています。

第2章　刑事責任とは
安衛法上の刑事責任　刑法上の刑事責任

労働災害における安衛法と刑法が問う責任の違いを説明しています。

第3章　事業主と職長・安責者が心得るべき危険・有害防止の法的義務

安衛法第20〜22条に規定される危険防止措置のうち処罰の対象となるものとして心得ておくべきものを掲載しています。

第4章　送検事例
安衛法または刑法違反

11の労働災害事例を紹介し、送検された者と違反条文、事業主と職長・安責者が心得るべきことなどを明らかにしています。

第5章 行政的責任

建設業における行政指導または行政処分を解説しています。

第7章 社会的責任

CSR と SDGs で要求されている企業の社会的責任を解説しています。

第6章 民事的責任

労働災害が発生した際に請求される損害賠償について解説しています。

第8章 事業者責任をはたすために事業主と職長・安責者がなすべきこと

事業者責任をはたすために事業主と安責者がなすべきことを掲載しています。

目　次

第1章　事業者責任とは

第2章　刑事責任とは　安衛法上の刑事責任　刑法上の刑事責任

1　安衛法の刑事責任 ……………………………………………… 26

第3章　事業主と職長・安責者が心得るべき危険・有害防止の法的義務

第4章 送検事例　安衛法または刑法違反

第5章 行政的責任

第6章 民事的責任

第7章　社会的責任

第8章　事業者責任をはたすために事業主と職長・安責者がなすべきこと

第1章　事業者責任とは

事業者がはたすべき法的責任を、事業者責任といいます。
安衛法では、事業者を「事業を行う者で、労働者を使用するもの」としていますので、
企業や個人企業経営主が主体となって、安衛法の事業者責任をはたさなければなりません。

※本書では労働安全衛生法を「安衛法」と呼称します。

事業者とは

事業者とは、「事業を行う者で、労働者を使用するものをいう」（安衛法第2条）とされており、法人企業であれば法人そのもの、個人企業であれば個人企業経営主をいいます。法人である会社や個人企業経営主が、実際的には工事現場における安衛法の責任をはたすことはできませんので、職長・安責者を選任し、権限を委譲してこの責任を遂行させています。

※本書では安全衛生責任者を「安責者」と呼称します。

安衛法の事業者には3つのタイプがある

安衛法が定める事業者には、「事業者」、「元方事業者」、「特定元方事業者」の3つがあります。

工事現場において、元請会社は、「事業者」、「元方事業者」、「特定元方事業者」という3つの顔を持ち、その責任をはたしています。

協力会社は、「事業者」としての責任のみをはたします。

元請会社には事業者としての3つの顔があります

元請会社

事業者
事業を行う者で、労働者を使用するものすべての企業が該当します

元方事業者
一つの場所で行う仕事の一部を請け負わせている最先次の注文者

特定元方事業者
元方事業者のうち、建設業と造船業が指定されています

協力会社

事業者

安衛法が定める工事現場の関係会社の呼称

工事現場で一般的に使用されている、元請会社、協力会社などの呼称は、安衛法では次のとおりとなります。

元請会社は、工事現場において、「元方事業者」と「特定元方事業者」の立場で、「関係請負人（関係するすべての協力会社）」を指導、援助します。

「注文者」とは、仕事を他人に請け負わせている者のことです。

元方事業者が講ずべき措置と関係請負人が守るべき義務

元方事業者は、関係請負人（協力会社）に対して安衛法および関係法令に違反しないように指導する義務があり、関係請負人（協力会社）が法令に違反しているときは、是正のため必要な指示を行わなければなりません。

関係請負人（協力会社）は、元方事業者から是正の指示を受けたときは、これに従う義務を課せられています。

元方事業者および関係請負人（協力会社）が、これらの義務に違反した場合には、労働基準監督署から指導や是正勧告などの行政指導を受けることになります。

特定元方事業者が講ずべき措置と関係請負人の義務

特定元方事業者は、工事現場で次の6つ義務をはたすここととされています。
関係請負人（協力会社）は、特定元方事業者が行う措置について、協力したり、従う義務が課せられています。
特定元方事業者および関係請負人（協力会社）がこれらの義務違反をしたときは、処罰の対象となります。

6つの義務をはたします

従い、協力します

❶協議組織の設置運営

❷作業間の連絡調整

❸作業場所の巡視

❹安全衛生教育の指導援助

❺計画の作成と使用する機械、設備について関係請負人への指導

❻クレーン等の合図、警報の統一等労働災害防止に必要な事項

注文者のとるべき措置と関係請負人の義務

建設業の仕事を自ら行う注文者（仕事を他人に請け負わせている者）は、建設物、設備または原材料（「建設物等」という）を関係請負人（協力会社）に使用させるときは、建設物等について、労働者の災害防止のため必要な措置をとらなければなりません。

関係請負人（協力会社）は、注文者が講じる措置に応じて、必要な措置をするほか、建設物等に必要な措置が講じられていないときは、すみやかに申し出る義務が課せられています。

注文者および関係請負人（協力会社）がこれらの義務違反をしたときは、処罰の対象となります。

注文者は、仕事を他人に請け負わせている者のことですので、たとえば、1次の協力会社が2次の協力会社に自社の可搬式作業台を使用させるときは、1次の協力会社は、注文者として、この作業台についての注文者責任をはたす義務があることになります。

建設物等に対して必要な措置をとる

関係請負人

注文者が講じる必要な措置に応じて措置をする

協力会社

注文者

建設物に必要な措置が講じられていないときはすみやかに申し出る

特定事業を行う注文者が措置すべき建設物等

●くい打ち機　●くい抜き機　●軌道装置　●アセチレン溶接装置　●交流アーク溶接機
●電動機械器具　●潜函等　●ずい道等　●物品揚卸口等　●足場　●作業構台
●クレーン等　●ゴンドラ　●圧気工法　●パワーショベル　●移動式クレーンなど

事業者と使用者とはどう違うのか

事業者とは、「事業を行う者で、労働者を使用するもの」と安衛法に定義されていますが、使用者については、労働基準法で「事業主または事業の経営担当者その他事業の労働者に関する事項について、事業主のために行為をするすべての者」と定義されています。使用者とは、労働基準法の履行についての責任者のことで、事業主はもとより職長・安責者も使用者とみなされます。

職長・安責者は、安衛法では、事業者責任の行為者となり、労働基準法では、使用者になります。

労働者は、「職業の種類を問わず、事業または事務所に使用される者で、労務の提供に対して賃金が支払われる者」をいいます（労働基準法第9条）。

安衛法は事業者の責任を問う

労働基準法が、使用者の責任を問う法律であるのに対して、労働基準法を母体として生まれた安衛法は、事業の経営の主体である事業者の責任を問う法律とされました。

第1章 事業者責任とは

元請会社も協力会社も事業者責任をはたさなければならない

事業者責任は、元請会社も協力会社もそれぞれの雇用する労働者に対してはたすこととされているものです。

例えば、2次の協力会社で働いている作業員について、その事業者責任をはたすのは、2次の協力会社です。

元請会社の事業者責任は、元請会社の社員に対する責任のことです。

現場で作業するすべての会社が、それぞれが雇用する労働者に対して「事業者責任」を負っているということです。

職長とは

職長とは、労働者と同じ事業者に雇用されて事業者に指示された仕事を達成するために、監督行為のできる一定の範囲内で労働者を直接指導または監督する者とされています。
現場では、事業者の代理人として、工程管理、品質管理、安全管理、原価管理、環境管理などすべての分野の職務を担当しています。
安衛法では、これらの職務のうち、職長の担当する職務は、次のとおりとされています。

職長の職務
①作業方法の決定および作業員の配置　　②作業の監督・指示
③作業員の指導教育　　　　　　　　　　④作業設備、作業場所の点検、保守管理
⑤作業方法の改善　　　　　　　　　　　⑥作業員の安全意識の高揚
⑦リスクアセスメントの実施　　　　　　⑧異常時、災害発生時における措置

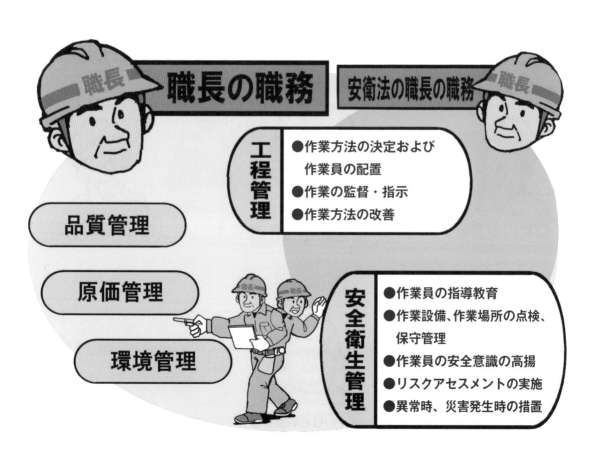

職長の職務　　安衛法の職長の職務

品質管理

原価管理

環境管理

工程管理
●作業方法の決定および作業員の配置
●作業の監督・指示
●作業方法の改善

安全衛生管理
●作業員の指導教育
●作業設備、作業場所の点検、保守管理
●作業員の安全意識の高揚
●リスクアセスメントの実施
●異常時、災害発生時の措置

第1章 事業者責任とは

安全衛生責任者とは

安全衛生責任者は、現場の安全衛生について、統括安全衛生責任者との連絡調整および指示事項の実施と関係者への連絡を行うほか、関係協力会社の安全衛生責任者との連絡・調整を図るなどの重要な役割をはたす者とされています。工事現場の安全と衛生についてかなめの役割をはたしています。

一般的に、職長は、安全衛生責任者を兼任しています。

安衛法が定めている安責者の職務は、次のとおりです。

① 統括安全衛生責任者との連絡

② 統括安全衛生責任者から受けた事項の実施と関係者への連絡

③ 統括安全衛生責任者からの連絡事項のうち、自社にかかるものの実施についての管理

④ 自社の作業計画と元請が作成する工事計画との整合性をはかるための調整

統括安全衛生責任者

自社の店社

連絡調整

連絡

他社の安責者

連絡調整

安全衛生責任者

連絡調整

他社の安責者

⑥ 配下の協力会社の安責者との連絡調整

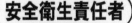

連絡調整

配下の会社の安責者

6つの職務のうち4つが統括安全衛生責任者との連絡調整

⑤ 混在作業によって生じる労働災害にかかる危険の有無の確認

工事現場で事業者責任をはたすのは職長・安責者です

工事現場には、事業者としてはたすべき責任は多くありますが、事業者（法人企業であれば法人、個人企業であれば個人企業経営主）が、直接その責任をはたすことはできません。法人の場合は、手や足を使って何かをすることはできませんし、事業経営者は、通常、工事現場での指揮、監督はしません（事業経営者が、工事現場で指揮、監督する場合は、事業経営者が「職長・安責者」を兼務したということになります）。

そこで、事業者は、職長・安責者を選任し、権限を委譲して現場の管理にあたらせることになります。職長・安責者を事業者責任の行為者として、工事現場に配属するということです。

このため、職長・安責者は、事業者が守るべきとされている安衛法の条文に違反したときは、事業者責任の行為者として罰せられることになります。

工事現場の安衛法違反の事例をみますと、処罰されているのは、ほとんどのケースが職長・安責者です。

安衛法違反で罰せられるのも職長・安責者

事業者責任の行為者

職長・安責者

工事現場

職長・安責者を工事現場の事業者責任の行為者とするための条件

事業者は、職長・安責者を任命するときには、工事現場の事業者責任の行為者という地位につくこと、およびその責任の重大性と権限を知らせておくことが重要です。
職長・安責者を現場の事業者責任の行為者とするためには、

・現場において事業者の義務をはたすことを認識していること
・事業者責任をはたすための権限を与えられていること

の２つが条件です。

第2章　刑事責任とは
安衛法上の刑事責任　刑法上の刑事責任

死亡災害や重大な災害が発生すると、労働基準監督署と警察の事故現場への立ち入り調査が始まります。

これは、事業主や職長・安責者などが安衛法または刑法に違反していないか、犯罪として刑罰を受けるべき責任、「刑事責任」があるかないかという刑事上の捜査です。

労働基準監督署と警察では、捜査のポイントが違います。

労働基準監督署は安衛法違反を中心に捜査をしますが、警察は主に、誰が注意義務を怠って労働災害を発生させたかという刑法第211条（業務上過失致死傷）の罪で捜査をします。

法違反が明らかになれば、送検されることになります。

1 安衛法の刑事責任

安衛法で刑事責任を問われるのは、「危険防止措置」が「事前に」なされていたかどうかということです。
安衛法に定める危険防止措置がとられていなかった場合に、処罰されます。
誰の不注意で災害が起きたかを調べて、罰するものではありません。

安衛法は、目的とその達成手段を定めている

安衛法は、第1条でこの目的とその達成手段を定めています。

目的

職場における労働者の安全と健康を確保するとともに、快適な職場の形成を促進する

労働基準法と相まって

達成手段

労働災害の防止のための危害防止基準の確立

労働災害防止に関する総合的な対策を推進する

責任体制の明確化およびその自主的活動の促進の措置を講ずる

労働者の安全と健康の確保

快適職場の形成促進

安衛法は二重構造

安衛法は、行政指導と処罰の二重構造となっています。

安衛法は、行政法規として、行政指導によって安全衛生基準等の労働災害防止のための基準の確立と墜落、崩壊などの身体の危険と健康障害の防止という、物的、人的な災害防止措置を講ずることにあります。

行政指導が中心に行われていることは、労働基準監督年報 2021 年（令和 3 年）の定期監督等による「定期監督等実施事業場数」と「送検事業場数」の違いを見ればわかります。

27

安衛法と許された危険

現場では、いかに安全化を進めても、完全に危険を除去することはできません。
電動ノコやグラインダーの刃に接触すると危険だからといって、刃の部分をすべて覆(おお)ってしまっては、ものを切断したり、削ったりすることができなくなります。現場で使用する機械の危険をすべて除去するための措置をすると、機械が現実的に使用できなくなり、建設物の生産が止まってしまいます。
そこで、危険部分はあるが、社会生活上やむを得ない危険は適法として許して、万一その結果災害が発生しても、それにもとづくものであれば、刑事責任を問われないという考え方を容認せざるを得ないとされています。
いわゆる「許された危険」という法理です。

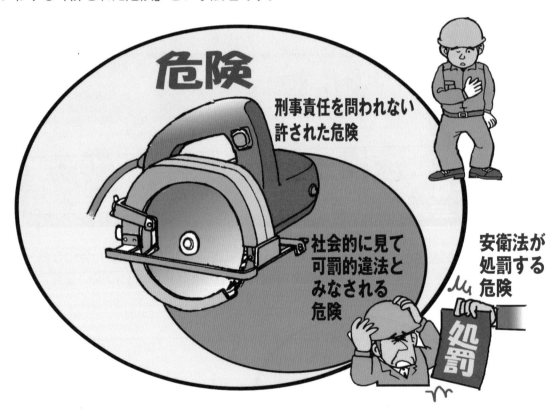

危険

刑事責任を問われない
許された危険

社会的に見て
可罰的違法と
みなされる
危険

安衛法が
処罰する
危険

処罰

**安衛法は企業社会の現実を背景とした
事業者の安全管理不備等を罰することにした**

安衛法は故意を問題にする

安衛法は、故意犯を問う法律であり、過失を問うものではありません。過失を問う法律は、刑法です。

故意とは、「罪を犯す意思」のことです。

安衛法は、災害を起こしたから処罰する法律ではありません。安衛法に定めている危険防止措置義務に違反したから、処罰されるのです。

この危険防止措置義務違反には、法違反を見つけながら、あるいは知りながら見過ごす場合も含まれます。

高さ２mの開口部で作業員が荷の取り込み作業をして災害が発生した場合を考えてみましょう。

この災害について、職長・安責者は、どのような過失があったかについて取調べを受けるのではありません。この災害について故意があったか、「安衛法に定められている危険防止の事前措置義務に違反していたかどうか」について取調べを受けるのです。

高さ２m以上の開口部であることを知っていた

作業員が開口部の付近で作業することを知っていた

定められた措置が講じられていなかった

職長・安責者

これは危険防止の事前措置義務違反の故意だ！　監督官

高さ２m以上の開口部付近で手すりも安全帯もなく作業

安衛法は根拠条文にもとづき処罰

刑罰法規は、国民に対して刑事責任を追及し、刑罰を科すものですから、その解釈・適用については、少しの妥協も許されず、内容が不明確な規定は無効なものとして排除されます。

刑罰という厳しい制裁を科す以上、どういう行為が犯罪となるのか、その行為にどういう刑罰が科せられるのかとういうことを、事前に明確にしておかなければなりません。「法律なければ犯罪なく、法律なければ刑罰なし」ということになります。

安衛法の場合、違法で有責な行為は、安衛則等の条文で示されています。これらの条文に違反していれば処罰されることになります。

※本書では労働安全衛生規則を「安衛則」と呼称します。

少しの妥協も　　許されない！

根拠となる法律に照らして、犯罪か否かを厳密に判断

法律なくして犯罪なく、法律なくして刑罰なし

職長・安責者は、自分の職務を行う上で関係する条文を覚えて、守る！

職長・安責者

関連する条文

安衛法を守っていたかがカギとなる

安衛法は、災害を起こした過失を問う法律ではありません。過失を問う法律は、刑法です。
安衛法が問うのは、危険を事前防止できていたかどうかということです。

例えば地山を手掘りで掘削していたときに、作業員が崩壊してきた土砂に埋まった災害
の場合、土砂崩壊の危険を回避するための安衛則で定める措置がされていたかどうかと
いうことです。
土砂崩壊の危険があるのに、安衛則で定める措置がなされていなかったときは、事業者
責任の行為者として職長・安責者が罰せられることになります。

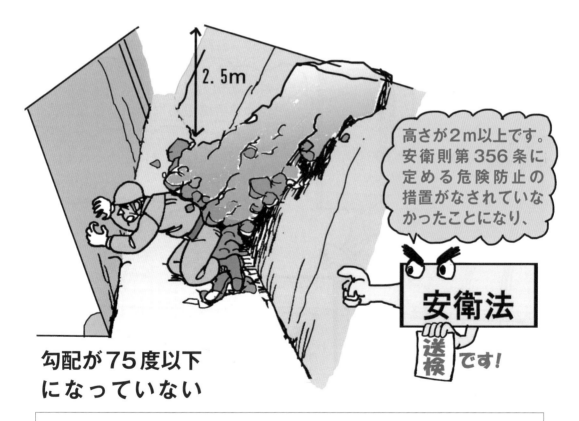

勾配が75度以下
になっていない

安衛則第356条では、
事業者は,手掘りにより地山（崩壊または岩石の落下の原因となるき裂がない岩盤からなる地山、
砂からなる地山および発破等により崩壊しやすい状態になっている地山を除く）の掘削の作業
を行うときは、その高さが2m以上5m未満の場合は、掘削面の勾配を75度以下とすること
とされている。

31

安衛法の定めを知らなかったでは済まない

作業場所へ行く通路には、高さ1.5mの段差がありましたが、職長・安責者は、この作業に従事する作業員はみんな若いので、昇降設備なんかいらないだろうと思って設置しませんでした。

この職長・安責者は、「高さ又は深さが1.5mをこえる箇所で作業を行なうときは、当該作業に従事する労働者が安全に昇降するための設備等を設けなければならない」（安衛則第526条）という義務が定められているのを知りませんでした。

法で定められていることを知らなかった、という言い訳では、処罰は免れません。昇降設備を設置しなかったことで職長・安責者は処罰されることになります。

職長・安責者は作業員の違反を黙認しない

職長・安責者が、立入禁止区域に入り近道行動をしている作業員を見つけたときは、黙認しないことです。
立入禁止区域に入っていることを、職長・安責者が意図的に黙認して、許していると解されたときには、職長・安責者も処罰されることになります。

事業主パトロールで違反を黙認したら処罰される

事業主安全パトロールで現場を巡視したＡ社長は、作業員のＹさんが、つり上げ荷重2.2ｔの積載型トラッククレーンの玉掛作業をしているのを目撃しました。

Ａ社長は、Ｙ作業員は玉掛の特別教育を修了していましたが、玉掛け技能講習は終了していなかったので無資格作業になると思ったものの、手際よく作業をしているし危なげなかったので、そのまま見過ごし、黙認してしまいました。

Ａ社長のように、法違反を知りながら黙認した場合は、黙認したＡ社長も処罰されることになります。

両罰規定とは

職長・安責者が安衛法で処罰されたときは、両罰規定が適用されて、事業者も罰せられます。

両罰規定は、安衛法第122条に定められており、職長・安責者が処罰されたときに、その事業者が職長・安責者に対する指揮、監督等の注意義務を怠っていた場合に罰するというものです。

現実的には、職長・安責者が罰せられたときに、事業者が指揮、監督等の責任を尽くしていると認められる場合が少ないため、事業者も両罰規定により罰せられていることが多くみられます。

第2章　刑事責任とは
安衛法上の刑事責任　刑法上の刑事責任

2 刑法上の責任

労働災害または第三者災害を発生させた場合、刑法上の責任として問われるのは、業務上過失致死傷罪（刑法第211条）です。この罪で処罰されると、「5年以下の懲役もしくは禁錮または100万円以下の罰金」に処せられます。

業務上過失致死傷罪（刑法）

業務性がある場合や、過失が重い場合の罪に格段に重い刑罰が課されるのは、一定の危険な業務に従事する業務者には、通常人よりもとくに重い注意義務を課しているからです。

業務とは、「本来人が社会生活上の地位にもとづき反復継続して行う行為であって、かつ、その行為は他人の生命、身体等に危害を加えるおそれのあることを必要とする」とされています。

その要件は、①社会的生活上の地位にもとづくものであること、②反復継続するものであること、③身体、生命に対し危険な行為であることの3つです。

業務上過失致死傷罪

5年以下の懲役もしくは禁錮または100万円以下の罰金

過失とは

業務上過失致死傷罪は、過失を問います。故意を問うものではありません。

過失とは、「注意すれば結果を認識することができ、結果を回避できたにもかかわらず、不注意により認識を欠き結果を回避しなかったこと」をいいます。

「結果を認識できたかどうか」ということと「不注意により回避しななかった」という結果予見義務および結果回避義務違反で追及されることになります。

業務上過失致死傷罪は
過失の有無を問います！

結果を認識
できたかどうか

不注意によって
回避しなかった
かどうか

3　安衛法上の刑事責任と刑法（業務上過失致死傷罪）の違い

安衛法が事業者の責任を問うのに対し、刑法は、その結果を招いた者の責任を問いますので、処罰の対象や追及方法などで違いが出てきます。
この違いをよく心得て対処することが大事です。

安衛法と業務上過失致死傷罪（刑法）の処罰の対象

安衛法は、災害を引き起こした直接の原因が発生する前に、あらかじめ危険・有害性の芽をつみとる「事前予防」を目的とする法律です。処罰の対象は事業者です。
刑法第211条の業務上過失致死傷罪は、業務上で人が死亡したり、負傷したときに、「その結果を発生させた原因を作った注意義務違反者は誰であるか」を追及し、その原因を作った注意義務違反者を処罰するものです。処罰の対象は、注意義務違反者（個人）です。

災害の事前予防の
法違反（事業者の責任）
を追及

安衛法

災害の結果責任
（個人の責任）を
追及

刑法（業務上過失致死傷罪）

災害　生命・身体・健康の侵害

安衛法は予防犯　業務上過失致死傷罪は結果犯

安衛法は、事業者がその作業について事前にどのような措置を講じなければならないかを定めています。安衛法における罪は、この事前予防義務に違反し、その措置を怠ったことについて追及されます。

一方、刑法における罪は、死傷の結果責任の追及なので、死傷災害を発生させた原因に一番近いところの過失を犯した者からの追及となります。

このため、安衛法は「予防犯」、業務上過失致死傷罪は「結果犯」といわれます。

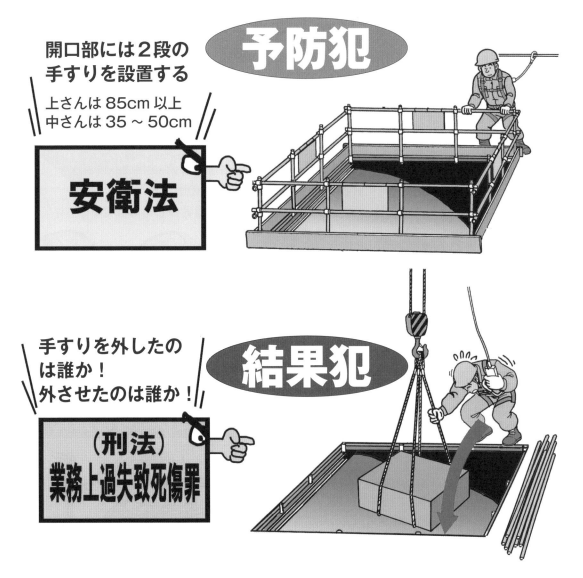

予防犯

開口部には2段の
手すりを設置する

上さんは85cm以上
中さんは35〜50cm

安衛法

結果犯

手すりを外したの
は誰か！
外させたのは誰か！

（刑法）
業務上過失致死傷罪

安衛法と業務上過失致死傷罪（刑法）では追及の順序が逆になる

労働災害が発生した場合、安衛法と業務上過失致死傷罪（刑法）では、追及の順序が逆になります。

安衛法は、事業者責任を問う法律ですから、まず事業者が追及されることになります。会社の責任→社長の責任→職長・安責者の責任の順序となります。しかし、労働基準監督官の実際の取調べは、職長・安責者からはじめられています。

一方、業務上過失致死傷罪（刑法）では、労働災害に最も近い過失を犯した者の責任の追及からはじまり、会社の上位の責任者に及んでいきます。

事業者の責任はどこにあるか

会社▶社長▶職長・安責者の順で追及される
（実際の取調べは職長・安責者からはじまる）

安衛法
労働基準監督署

労働災害

業務上過失致死傷罪（刑法）
警察

会社の責任　社長の責任　職長・安責者の責任

最も近い過失を犯したのは誰だ

あっ！

安衛法と刑法が問う責任の違い

安衛法も刑法もどちらも刑事責任を問う法律ですが、どのような責任を問うているでしょうか。

安衛法が問う責任は、「法令で定めている危険を事前に除去しなかった」という責任です。

一方、刑法の問う責任は、事前に誰がどのように危険を除去すべきであったか。すなわち「災害の結果責任」を問うものです。

なぜ親綱を張らなかったのか…

安衛法

職長（事業者）

行政刑法

危険についての予防措置を行っていないときに罰せられる

なぜ合図を間違えたのか… 周囲を確認したか

刑法

最も災害に近い者

身近にいた者から、災害発生について責任がなかったか調べられる

安衛法と刑法の追及するものは違う

安衛法は、労働災害の事前防止のための、事前措置義務としての行政刑法です。

このため、安衛法は、労働災害が発生した場合に、安衛法令で定めている事前措置義務がなされていたか、否かについて追及します。

一方、業務上過失致死傷罪（刑法）は、人の身体、生命を侵害する結果を生ぜしめてはならないという、刑事法規範に由来するものです。このため、業務上過失致死傷罪（刑法）では、人の身体、生命を侵害する結果責任を問うことになり、労働災害について、誰が、どのようにして災害を防ぐべきであったのかを調べて、その過失の有無について追及します。

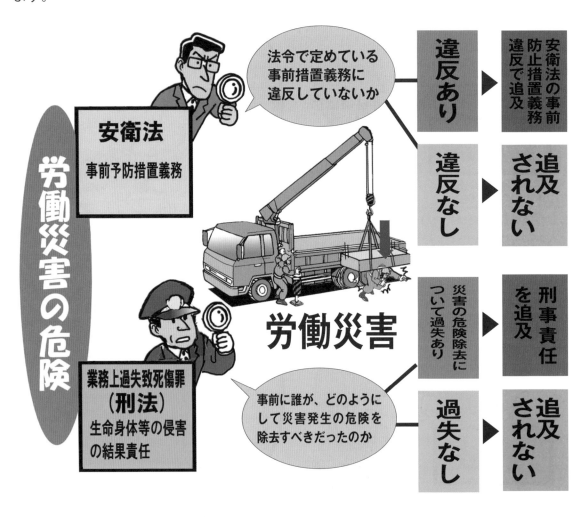

42

災害を発生させると安衛法違反と業務上過失致死傷罪（刑法）違反で追及される

労働災害を発生させると、安衛法違反と業務上過失致死傷罪（刑法）違反の疑いで追及されます。

安衛法の担当は労働基準監督官で、「その労働災害に関連して事業者に事前予防のための安衛法令に違反した事実はないか」という観点から捜査をします。

安衛法では、追及されるのは「事業者」と決まっているので、「安衛法令違反に該当する事実があるのか、否か」の捜査となります。

一方、業務上過失致死傷罪（刑法）の担当は警察で、「労働災害について死傷の結果を生じさせた原因を作ったのは誰か」という犯人捜しの観点から捜査をします。

安衛法では追及される者は「事業者」と決まっているので「安衛法令違反に該当する事実があるのか否か」の捜査となる

業務上過失致死傷罪（刑法）では、具体的に「注意義務の内容とそれを怠った者を特定すること」の捜査となる

安衛法違反と業務上過失致死傷罪の両方で送検されるケースがある

　1つの災害について、安衛法違反と刑法第211条の業務上過失致死傷罪の両方で送検されることがあります。

　安衛法違反があって災害が発生した場合、安衛法に定める危険防止措置を講じなかったという刑事責任とともに、業務上必要な注意を欠いたため、安全対策をとらなかったことにより、作業員に死傷の結果を発生させたという業務上過失致死傷罪の両方が成立することがあります。実際に両方の罪で送検され処罰されているケースがみられます。

安衛法と業務上過失致死傷罪（刑法）の両方で送検された事例

何が起きたのか

1 倉庫新築工事で天井仮枠にコンクリートを打ち込み中、中央部付近を支えていた支保工が衝撃により脱落。天井全体が崩落し、作業中の9名が転落し障害を負った。

2 この工事を請け負った元請は、現場には工事現場責任者を選任して作業員の指揮監督およびこの工事に関する一切の事項を処理させていた。

3 型枠工事の協力会社は、職長・安責者を選任し、作業員を指揮監督させていた。

調査でわかったこと

1 天井の型枠は、119本の支保工で支えられていたが、1/3の支保工は敷板の上に乗せられただけで、脚部を固定していなかった。

2 元請の代表取締役は、災害発生日に工事現場を見回ったが支保工を固定するように指示をしなかった。

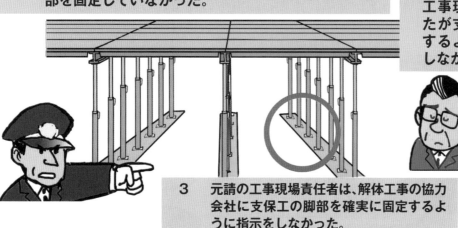

3 元請の工事現場責任者は、解体工事の協力会社に支保工の脚部を確実に固定するように指示をしなかった。

何をしたのか　何をしなかったのか
（なぜ送検されたのか…）

1　型枠工事協力会社の職長・安責者は、支保工の脚部が敷板から滑動しないように支保工の根がらみを厳重にし、特に支保工の脚部をくぎ等で確実に固定し、天井の脱落・崩壊に起因する災害の発生を未然に防止すべき業務上の注意義務を怠った。

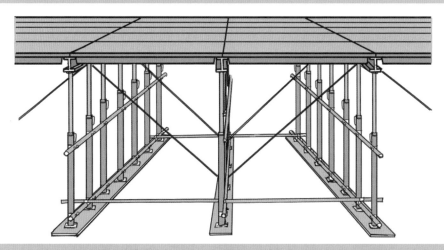

2　元請の工事現場責任者は、支保工の組立を型枠工事協力会社の職長・安責者に命じてその監督にあたっていたのであるから、支保工の固定を確実にするよう監督指示し、天井の崩落等の事故を未然に防止すべき注意義務があったのに、それを怠った。また、安衛法に定める設備等による危害を防止するための必要な措置を講じなかった。

3　元請の代表取締役は現場巡視をし、支保工の不備を現認したにもかかわらず、法令に定める設備等の措置をしなかった。

送検された者と違反条文

46

第3章 事業主と職長・安責者が心得るべき 危険・有害防止の法的義務

安衛法で定められている事業者がはたすべき危険・有害防止法的義務のうち、処罰の対象となるものとして心得ておくべきものは、次のとおりです。

1 機械器具、爆発・引火物、電気など による危険防止措置 （安衛法第20条）

1 建設機械等

① 車両系建設機械

ヘッドガードの取付 〈安衛則153条〉
●岩石の落下等により危険な場合

地形・地質の状態の 調査および記録
〈安衛則154条〉

前照灯の設置 〈安衛則152条〉

運転席以外へ のとう乗禁止
〈安衛則162条〉

作業計画 〈安衛則155条〉
①機械の種類 および能力
②運行経路
③作業の方法
→ 内容を 関係者に 周知

機械の移送〈安衛則 161 条〉

①積卸しは平坦な場所で
②道板を使用する時は、十分な長さ、幅、強度のあるものを使用し、適当なこう配で確実に取り付ける。
③盛土、仮設台使用時は、強度およびこう配を確保する。

登坂用具

作業開始前点検
〈安衛則 170 条〉

使用の制限〈安衛則 163 条〉
構造上の安定度、最大使用荷重等を守る。

制限速度〈安衛則 156 条〉
地形、地質の状態等に応じて定める。
（最高速度が 10km/h 以下は除く）

転倒または転落の防止
〈安衛則 157 条〉

①路肩の崩壊または地盤の不同沈下の防止
②必要な幅員の保持
③誘導者を配置して誘導させる。

接触の防止 〈安衛則158条〉
立入禁止措置または誘導者の配置

合図 〈安衛則159条〉
誘導者を置くときは一定の合図を
定め、誘導者に行わせる。

運転席から離れる場合
〈安衛則160条〉

①バケット等を地上におろす。
②エンジンを止め、走行ブレーキをかけて逸
　走を防止

ブーム等の降下による危険の
防止 〈安衛則166条〉
修理、点検時に安全支柱、安全ブロックの使用

②　コンクリートポンプ車

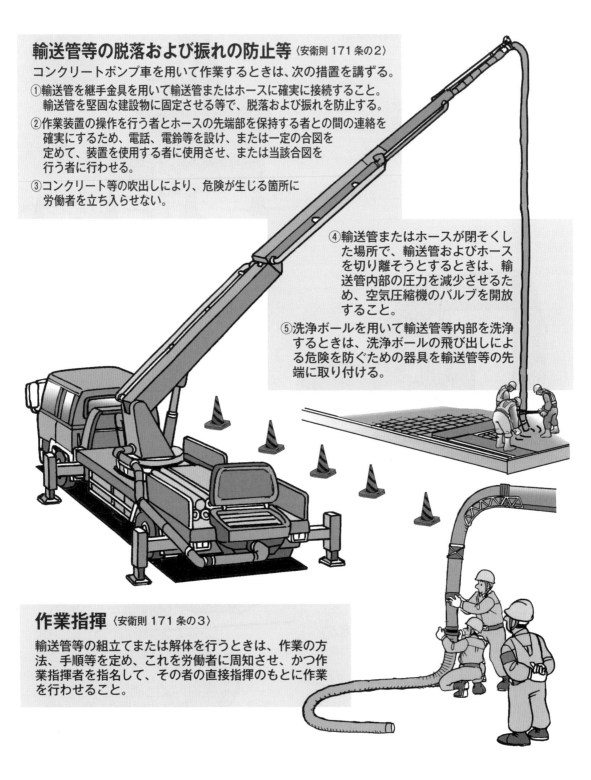

輸送管等の脱落および振れの防止等 〈安衛則171条の2〉

コンクリートポンプ車を用いて作業するときは、次の措置を講ずる。

①輸送管を継手金具を用いて輸送管またはホースに確実に接続すること。
　輸送管を堅固な建設物に固定させる等で、脱落および振れを防止する。

②作業装置の操作を行う者とホースの先端部を保持する者との間の連絡を
　確実にするため、電話、電鈴等を設け、または一定の合図を
　定めて、装置を使用する者に使用させ、または当該合図を
　行う者に行わせる。

③コンクリート等の吹出しにより、危険が生じる箇所に
　労働者を立ち入らせない。

④輸送管またはホースが閉そくした場所で、輸送管およびホースを切り離そうとするときは、輸送管内部の圧力を減少させるため、空気圧縮機のバルブを開放すること。

⑤洗浄ボールを用いて輸送管等内部を洗浄するときは、洗浄ボールの飛び出しによる危険を防ぐための器具を輸送管等の先端に取り付ける。

作業指揮 〈安衛則171条の3〉

輸送管等の組立てまたは解体を行うときは、作業の方法、手順等を定め、これを労働者に周知させ、かつ作業指揮者を指名して、その者の直接指揮のもとに作業を行わせること。

③　解体用機械

使用の禁止 〈安衛則 171 条の4・5〉

●路肩、傾斜地等で転倒、転落の危険のある場所では、特定解体用機械[※]は使用禁止
　※特定解体用機械：ブームおよびアームの長さの合計が 12 m以上の解体用機械

●物体の飛来による危険が生じるおそれのあるときは、運転席を有しない機械の使用禁止

立入禁止等 〈安衛則 171 条の6〉

●物体の落下の危険が生じるおそれのある箇所は、運転者以外は立入禁止

●悪天候で危険が予想されるときは作業中止

④ 高所作業車

作業計画 〈安衛則 194 条の9〉
当該作業にかかる場所の状況、機械の種類および能力等に適応する作業計画を定め、これにより作業を行うことと、計画には作業の方法を明示、かつ関係労働者に周知させる。

転落等の防止 〈安衛則 194 条の 11〉
アウトリガーの張り出し、地盤の不同沈下、路肩の崩壊防止措置

作業指揮者の選任
〈安衛則 194 条の 10〉

運転位置から離れる場合の措置
〈安衛則 194 条の 13〉

●作業床を最低降下位置に置く。
●原動機を止め、ブレーキをかける。

合図 〈安衛則 194 条の 12〉
作業床上の労働者と作業床以外の箇所で作業床を操作する者との間の連絡のため、一定の合図を定め、合図者を指名する。

搭乗の制限 〈安衛則 194 条の 15〉
乗車席および作業床以外の箇所に労働者を乗せない。

使用の制限 〈安衛則 194 条の 16〉
積載荷重その他の能力を超えて使用しない。

主たる用途以外の使用の制限
〈安衛則 194 条の 17〉

荷のつり上げ等主たる用途以外に使用してはならない。

※平成30年の法令改正で法令用語として「安全帯」の名称が「墜落制止用器具」に改められましたが、本書では従来どおり「安全帯」の名称を用いています。

作業床への搭乗制限等
〈安衛則194条の20・21〉

走行させるときは、作業床に労働者を乗せない。ただし、平坦・堅固な場所で走行させる場合で、次の措置を講じたときは、この限りでない。

● 誘導者を配置し、誘導させる。
● 一定の合図を定め、誘導者に合図を行わせる。
● あらかじめ、適正な制限速度を定め、それにより運転させる。

作業床で走行の操作をする構造のものを平坦・堅固な場所以外の場所で走行させるときは、上記の措置を講ずる。

安全帯等の使用 〈安衛則194条の22〉
ブーム式の機械を用いて作業を行うときは、作業床上の労働者に、安全帯等を使用させる。

定期自主検査 〈安衛則194条の23・24・26〉
● 1年以内ごとに1回、定期に自主検査を行う。
● 上記の年次検査を特定自主検査とし、検査表を貼付する。
● 1月以内ごとに1回、定期に自主検査を行う。

定期自主検査の記録 〈安衛則194条の25〉
自主検査を行ったときは、記録し、3年間保存する。

作業開始前点検 〈安衛則194条の27〉
作業を行うときは、その日の作業を開始する前に、制動装置、操作装置および作業装置の機能について点検を行う。

第3章 事業主と職長・安責者が心得るべき
危険・有害防止の法的義務

② クレーン・エレベーター

① クレーン

使用の制限 〈クレーン則 17 条〉
厚生労働大臣の定める基準に適合するものでなければ使用できない。

過負荷の制限 〈クレーン則 23 条〉
定格荷重を超える荷重をかけての作業禁止

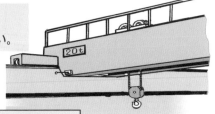

クレーンの運転に必要な資格 〈クレーン則 21・22 条・224 条の 4〉

クレーン	つり上げ荷重 5 t 以上（跨線テルハを除く）	免許
	つり上げ荷重 5 t 未満（5 t 以上の跨線テルハ）	特別教育
移動式クレーン	つり上げ荷重 5 t 以上	免許
	つり上げ荷重 1 t 以上 5 t 未満	技能講習
	つり上げ荷重 1 t 未満	特別教育

定格荷重の表示等 〈クレーン則 24 条の 2〉

搭乗の制限 〈クレーン則 26・27 条〉
労働者をつり上げてはならない（やむを得ない場合、一定の条件を満たせば可）。

立入禁止 〈クレーン則 28 条〉
ケーブルクレーンで巻上げ用、横行用ワイヤロープの内角側への立入禁止

つり荷の下に立入禁止
〈クレーン則 29 条〉

暴風時における逸走の防止 〈クレーン則 31 条〉
（暴風…瞬間風速が 30 m／秒を超える風）

強風時の作業中止 〈クレーン則 31 条の 2〉
（強風…10 分間の平均風速が 10 m／秒以上の風）

荷をつったままでの運転位置からの離脱の禁止 〈クレーン則 32 条〉

定期自主検査
● 1 年以内ごとに 1 回 〈クレーン則 34 条〉
● 1 カ月以内ごとに 1 回 〈クレーン則 35 条〉
● 巻過防止装置、過負荷警報装置、ブレーキ等

作業開始前の点検 〈クレーン則 36 条〉

自主検査等の記録 〈クレーン則 38 条〉
検査記録は 3 年間保存

② 移動式クレーン

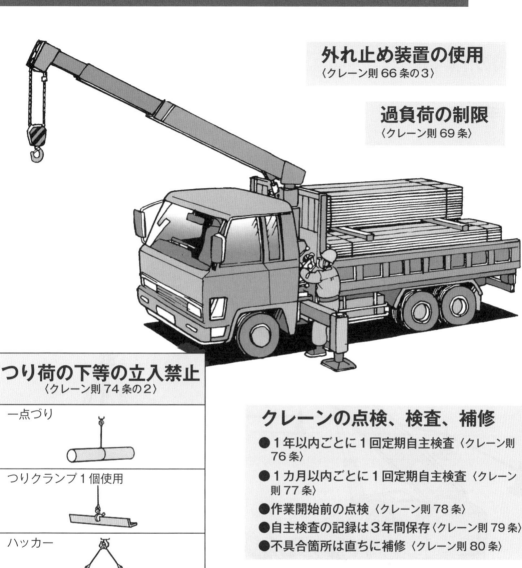

外れ止め装置の使用
〈クレーン則66条の3〉

過負荷の制限
〈クレーン則69条〉

つり荷の下等の立入禁止
〈クレーン則74条の2〉

一点づり	
つりクランプ1個使用	
ハッカー	
複数の荷	
マグネット　バキューム	
自由落下	

クレーンの点検、検査、補修
● 1年以内ごとに1回定期自主検査〈クレーン則76条〉
● 1カ月以内ごとに1回定期自主検査〈クレーン則77条〉
● 作業開始前の点検〈クレーン則78条〉
● 自主検査の記録は3年間保存〈クレーン則79条〉
● 不具合箇所は直ちに補修〈クレーン則80条〉

運転の合図 〈クレーン則71条〉
一定の合図を定め、合図を行う者を指名する。

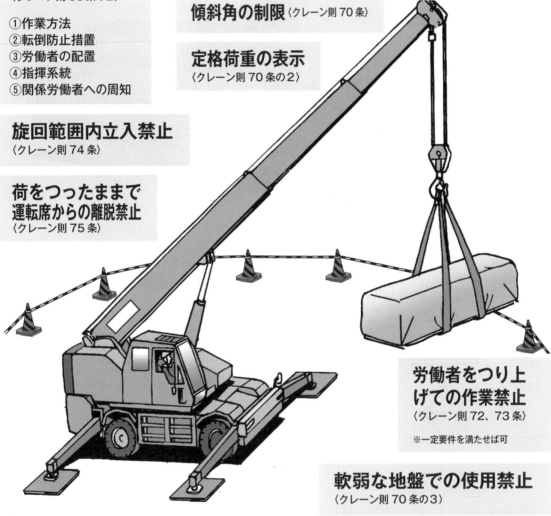

強風時の作業中止〈クレーン則74条の3〉　　**強風における転倒防止**〈クレーン則74条の4〉

作業手順等の決定〈クレーン則66条の2〉

①作業方法
②転倒防止措置
③労働者の配置
④指揮系統
⑤関係労働者への周知

旋回範囲内立入禁止〈クレーン則74条〉

荷をつったままで運転席からの離脱禁止〈クレーン則75条〉

仕事の工程に関する計画、機械の配置に関する計画の作成〈安則638条の3〉

傾斜角の制限〈クレーン則70条〉

定格荷重の表示〈クレーン則70条の2〉

労働者をつり上げての作業禁止〈クレーン則72、73条〉

※一定要件を満たせば可

軟弱な地盤での使用禁止〈クレーン則70条の3〉

鉄板等の施設による地盤の養生〈クレーン則70条の3〉

アウトリガーの適正な設置〈クレーン則70条の4〉

アウトリガー・キャタピラは原則として最大に張り出す〈クレーン則70条の5〉

※原則として作業員を荷の直下に立ち入らせないこと（平成4年8月24日付基発第480号）

③ 玉掛け用具

不適格なワイヤロープの使用禁止 〈クレーン則215条〉

①1よりの間で素線数の10%以上の素線が切断したもの。

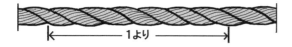

②直径の減少が公称径の7%を超えたもの。
③キンクしたもの。
④著しい型くずれ（ストランドのへこみ、心綱のはみだし）
　または著しい腐食があるもの。

玉掛用ワイヤロープ 〈クレーン則219条〉

①アイ等を備えているものでなければならない。
②アイはアイスプライス。
③安全係数は6以上とする〈クレーン則213条〉。

作業開始前の点検 〈クレーン則220条〉

①その日の作業を開始する前に当該ワイヤロープ等の異常の有無について点検する。
②異常を認めたときは、直ちに交換・補修する。

不適格なつりチェーンの使用禁止 〈クレーン則216条〉

①伸びが製造時の5%をこえるもの（L）。
②リンク断面の直径の減少10%を超えるもの（d）。
③き裂のあるもの。
④安全係数は5以上とする〈クレーン則213条の2〉。

不適格なせんいロープ・せんいベルトの使用禁止 〈クレーン則218条〉

①ストランドが切断しているもの。
②著しい損傷または腐食のあるもの。

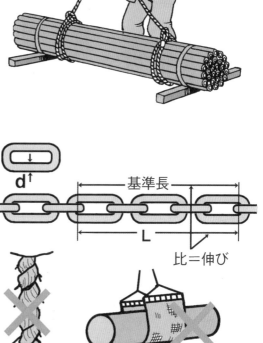

基準長

比＝伸び

はずれ止めがないもの

不適格なフック、シャックルの使用禁止
〈クレーン則217条〉

●変形、き裂のあるもの。

第3章 事業主と職長・安責者が心得るべき
危険・有害防止の法的義務

3 型枠支保工

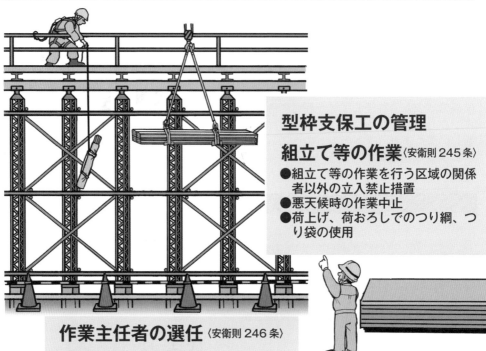

型枠支保工の管理

組立て等の作業〈安衛則245条〉
●組立て等の作業を行う区域の関係者以外の立入禁止措置
●悪天候時の作業中止
●荷上げ、荷おろしでのつり綱、つり袋の使用

作業主任者の選任〈安衛則246条〉

作業主任者の職務〈安衛則247条〉
●作業の方法を決定し、作業を直接指揮
●材料の欠点の有無、器具、工具の点検
●作業中の安全帯、保護帽等の使用状況を監視

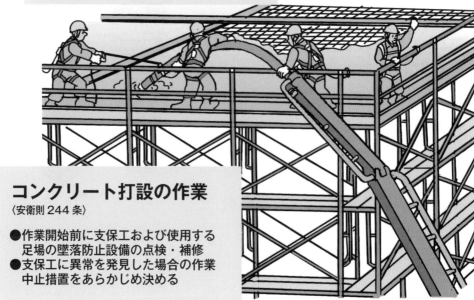

コンクリート打設の作業
〈安衛則244条〉

●作業開始前に支保工および使用する足場の墜落防止設備の点検・補修
●支保工に異常を発見した場合の作業中止措置をあらかじめ決める

2 墜落、土砂崩壊などの作業方法または作業場所から生じる危険防止の措置 （安衛法第21条）

1 掘削作業等における危険防止

作業箇所等の調査 〈安衛則355条〉

①形状、地質、地層の状態
②き裂、含水、湧水および凍結の有無および状態
③埋設物等の有無および状態
④高温のガスおよび蒸気の有無および状態

地山の掘削作業主任者の選任 〈安衛則359条〉

掘削面の高さ2m以上の場合

点検 〈安衛則358条〉

点検者を指名し、その日の作業開始前、大雨、中震（震度4）以上の地震後、作業箇所およびその周辺の地山について点検させる。

照度の保持 〈安衛則367条〉

埋設物等による危険の防止 〈安衛則362条〉

埋設物等による危険の防止の措置を講じる。

掘削機械の使用禁止 〈安衛則363条〉

ガス導管、地中電線路等、地下工作物の損壊のおそれがあるときは、掘削機の使用禁止

機械の運行経路等の周知 〈安衛則364条〉

運搬機械、掘削機械、積込機械の運行の経路、土砂の積卸し場所への出入の方法を定め、関係者に周知する。

誘導者の配置 〈安衛則365条〉

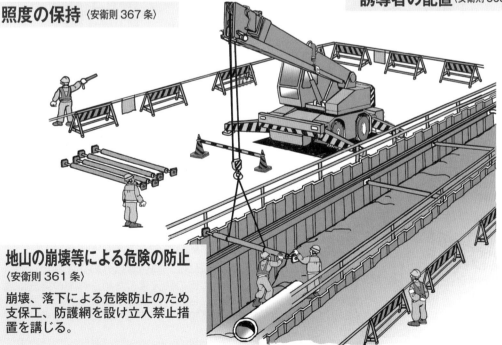

地山の崩壊等による危険の防止 〈安衛則361条〉

崩壊、落下による危険防止のため支保工、防護網を設け立入禁止措置を講じる。

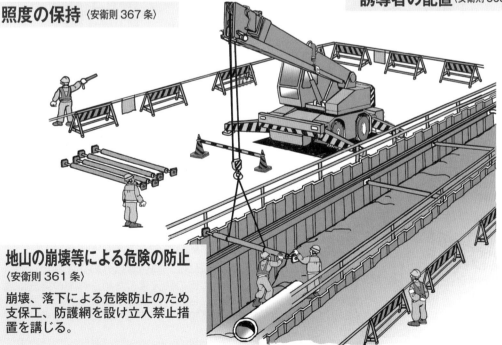

② 建設物等の鉄骨の組立作業における危険の防止

建築物等の鉄骨の組立て等作業主任者の選任 〈安衛則517条の4〉

建築物の骨組みまたは塔であって、金属製の部材により構成されるもの（その高さが5m以上）の組立て、解体または変更の作業

作業主任者の職務 〈安衛則517条の5〉

●作業の方法および労働者の配置を決定　　●安全帯等および保護帽の使用状況を監視
●器具、工具、安全帯および保護帽の機能を点検し、不良品を取り除く。

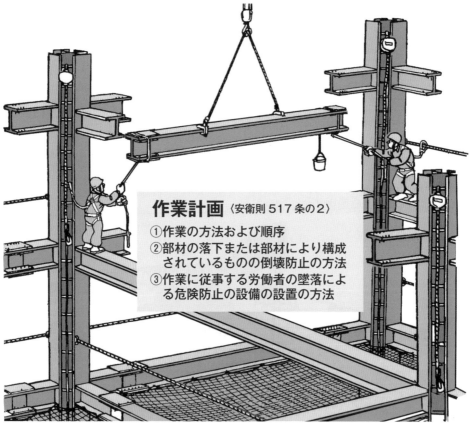

作業計画 〈安衛則517条の2〉

①作業の方法および順序
②部材の落下または部材により構成されているものの倒壊防止の方法
③作業に従事する労働者の墜落による危険防止の設備の設置の方法

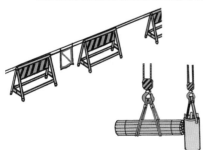

鉄骨の組立等の作業 〈安衛則517条の3〉

①作業を行う区域内には、関係者以外の立入禁止
②強風、大雨、大雪等の悪天候のため、作業の実施に危険が予想されるときは、作業を中止する。
③材料、器具、工具等の上げ下ろしには、つり網、つり袋等を使用する。

3 コンクリート造りの工作物の解体作業における危険の防止

調査 〈安衛則517条の14 1項〉

- ●工作物の形状
- ●き裂の有無
- ●周囲の状況（ガス管、上下水道、地下埋設物等）

コンクリート造の工作物の解体等作業主任者の選任 〈安衛則517条の17〉

高さ5m以上のコンクリート造工作物の解体・破壊

職務 〈安衛則517条の18〉

- ●作業方法、配置の決定
- ●器具、工具、安全帯、保護帽の点検
- ●安全帯、保護帽の使用状況の監視

作業計画 〈安衛則517条の14 2項〉

- ●作業の方法、順序
- ●使用機械の種類、能力
- ●控えの設置
- ●立入禁止区域の設定
- ●外壁、柱、はり等の危険防止の方法

計画届 〈安衛則90条〉

- ●31m以上の建築物の解体は工事開始14日前までに計画届を所轄労基署長へ提出する。

解体等の作業
〈安衛則517条の15〉

- ●関係者以外の立入禁止措置
- ●強風、大雨、大雪等は作業中止
- ●つり網、つり袋等の使用

引倒し等の合図
〈安衛則517条の16〉

- ●合図を定め、関係者に周知徹底する。
- ●避難したことの確認

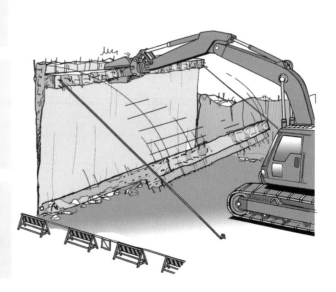

第3章 事業主と職長・安責者が心得るべき危険・有害防止の法的義務

4 墜落、飛来・崩壊等のおそれのある作業の危険の防止

① 墜落・転落の危険の防止

建築物等の組立て、解体または変更の作業〈安衛則529条〉

建築物（高さ≧5m）、橋梁（高さ≧5m、長さ≧30m）、足場等（高さ≧5m）
の組立て・解体等の作業では、作業主任者を選任する。
上記以外の作業では、作業指揮者を選任する。

作業床の設置等 〈安衛則518条〉

●高さ2m以上で墜落の危険のあるときは作業床を設置する。

作業床の端部等の囲いの設置 〈安衛則519条〉

●高さ2m以上の作業床の端部、開口部等には、囲い、手すり、
覆い等を設置。設置困難な場合や臨時に囲いを取り外すときは、
防網を張り、安全帯を使用する。

悪天候時の作業禁止 〈安衛則522条〉

照度の保持 〈安衛則523条〉

安全帯の使用 〈安衛則520条〉

●安全帯の使用を命じられた時は、
使用しなければならない。
●安全帯はフルハーネス型の使用
が原則
※建設業では5m以下では胴ベ
ルト型も使用できる。

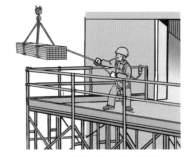

安全帯等の取付設備等 〈安衛則521条〉

●高さ2m以上の場所での作業には安全帯の取付け
設備を設置し、異常の有無を随時点検する。

スレート等の屋根上の危険の防止 〈安衛則524条〉

スレート屋根上の作業を行うときは、
歩み板を設け、防網を張る。

昇降するための設備の設置等〈安衛則526条〉

高さまたは深さが1.5mを超えるときは、昇降
設備を設置する。

立入禁止 〈安衛則530条〉

墜落による危険のおそれのある場所の立入禁止

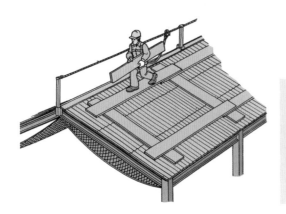

62

② 飛来崩壊災害の防止

落盤等による危険の防止 〈安衛則535条〉

坑内における落盤、肌落ちまたは側壁の崩壊による危険防止に支保工を設け、浮き石を取り除く等の危険防止措置を講じる。

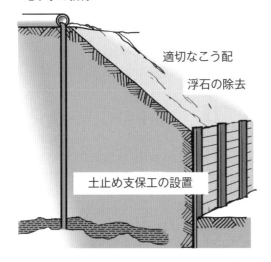

ウェルポイント等による
地下水の排除

適切なこう配

浮石の除去

土止め支保工の設置

地山の崩壊等による危険の防止
〈安衛則534条〉

①地山を安全なこう配とし、落下の恐れのある土石を取り除き、または擁壁、土止め支保工等を設置する。
②原因となる雨水、地下水等を排除する。

高所からの物体投下による危険の防止
〈安衛則536条〉

3m以上の高所から物体を投下するときは、適当な投下設備を設け、監視人を置く。

物体の落下による危険の防止 〈安衛則537条〉

物が落下することにより危険な場合は、防網設備を設け、立入区域を設定する等の危険防止措置を講じる。

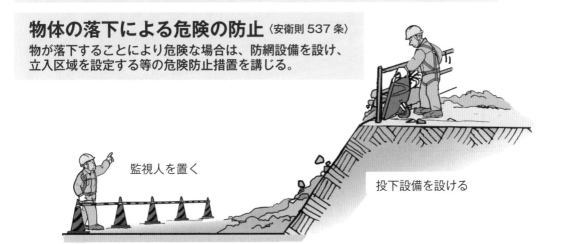

監視人を置く

投下設備を設ける

物体の飛来による危険の防止
〈安衛則538条〉

物が飛来することにより作業者が危険な場合には、飛来防止施設を設け、保護帽を使用する。

第3章 事業主と職長・安責者が心得るべき
危険・有害防止の法的義務

5 通路・足場等による災害の危険防止

① 通路等における危険防止

通路 〈安衛則540条〉
●作業場に通じる場所および作業場内には、安全な通路を設け、有効に保持する。
●通路であることを表示する。

通路の照明 〈安衛則541条〉
●正常な通行ができる採光または照明

作業場の床面 〈安衛則544条〉
●つまずき、すべり等の危険のない状態に保持する。

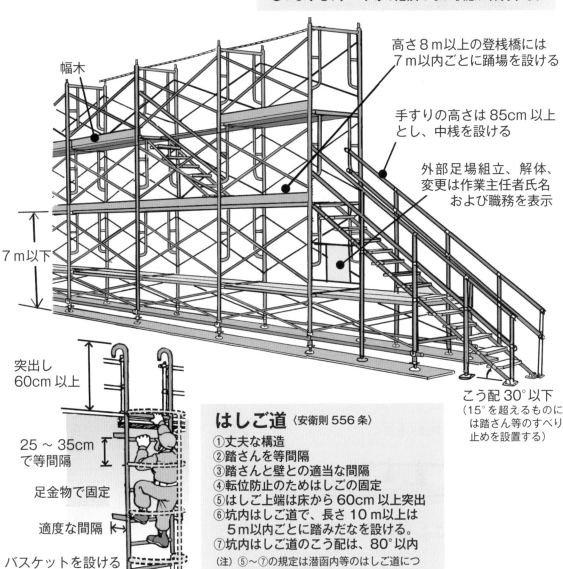

幅木

7m以下

高さ8m以上の登桟橋には7m以内ごとに踊場を設ける

手すりの高さは85cm以上とし、中桟を設ける

外部足場組立、解体、変更は作業主任者氏名および職務を表示

こう配30°以下
(15°を超えるものには踏さん等のすべり止めを設置する)

突出し60cm以上

25～35cmで等間隔

足金物で固定

適度な間隔

バスケットを設けることが望ましい

はしご道 〈安衛則556条〉
① 丈夫な構造
② 踏さんを等間隔
③ 踏さんと壁との適当な間隔
④ 転位防止のためはしごの固定
⑤ はしご上端は床から60cm以上突出
⑥ 坑内はしご道で、長さ10m以上は5m以内ごとに踏みだなを設ける。
⑦ 坑内はしご道のこう配は、80°以内
(注) ⑤～⑦の規定は潜函内等のはしご道については、適用しない。

② 足場の組立作業の危険防止

足場の組立等作業主任者の選任 〈安衛則565条〉
●つり足場、張り出し足場または高さが5m以上の構造の足場の組立、解体または変更の作業

作業指揮者の選任 〈安衛則529条〉
●高さ5m未満の足場の組立、解体または変更の作業

足場の組立等の作業 〈安衛則564条〉
①組立、解体また変更の時期、範囲および順序を作業員に周知
②作業区域内には、関係者以外立入禁止
③悪天候時の作業中止
④足場材の緊結、取外し、受渡し等の作業時には、幅40cm以上の作業床を設け、作業員に安全帯を使用させる等の墜落防止の措置を講じる。
⑤材料、器具、工具等のつり上げおろし時には、つり網、つり袋等を使用する。

作業床の幅は40cm以上

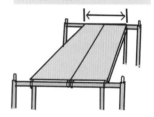

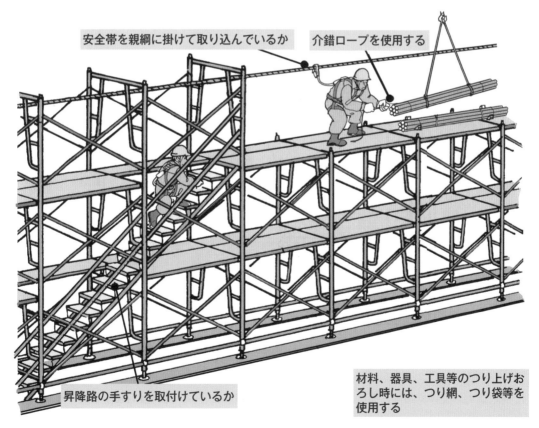

安全帯を親綱に掛けて取り込んでいるか

介錯ロープを使用する

昇降路の手すりを取付けているか

材料、器具、工具等のつり上げおろし時には、つり網、つり袋等を使用する

65

3 ガス、粉じん、放射能、排気などの健康障害防止の措置 （安衛法第22条）

① 有機溶剤中毒

定義等 〈有機則1条〉
有機溶剤とは、有機溶剤または有機溶剤含有物（有機溶剤とそれ以外のものとの混合物で、有機溶剤を当該混合物の重量の5％を超えて含有するもの）をいう。

有機溶剤作業主任者の選任
〈有機則19条〉

屋内作業場または坑内等において、有機溶剤等を製造、または取り扱う作業で選任

職務 〈有機則19条の2〉
● 作業者が有機溶剤で汚染または吸入しないように作業方法を決定し、作業者を指揮する
● 局所排気装置等を1カ月を超えない期間ごとに点検
● 保護具の使用状況を監視
● タンク内で有機溶剤業務を行うときの措置

防毒マスクの使用 〈有機則33条〉

送風　　　　　　　　　　　　　　　　　　排気

送風　　　　　　　　排気

局所排気装置等の設置が困難な場合における設備の特例
〈有機則10条〉

壁、床、天井の塗布作業等、有機溶剤蒸気の発散面が広いときは、全体換気装置を設ける。

掲示 〈有機則24条〉
有機溶剤使用についての注意を見やすい場所に掲示
（0.4 m以上×1.5 m以上）

区分の表示 〈有機則25条〉
区分に応じて見やすい場所に表示

有機溶剤の貯蔵 〈有機則35条〉
●漏えい、発散等しないふた等をして堅固な容器を用いる
●貯蔵場所への立入禁止措置と有機溶剤蒸気を屋外に排出する設備の設置

健康診断 〈有機則29条〉
有機溶剤業務に常時従事する労働者に対し、雇入れ、配置替え、その後6カ月以内ごとに特殊健康診断を行う。

2 酸素欠乏

酸素欠乏症とは…
〈酸欠則2条〉

- 酸素欠乏は空気中の酸素濃度が、18％未満である状態 → 吸入 → **酸素欠乏症**
- 空気中の硫化水素濃度が10/1,000,000を超える状態 → 吸入 → **硫化水素中毒**

酸素欠乏危険場所 〈安衛令6条21号、酸欠則2条7・8号〉
作業する場合、作業主任者を選任する必要のある場所

酸素欠乏危険作業

第1種酸素欠乏危険作業（酸素欠乏症にかかるおそれのある次の場所での作業～主なもの）
- ●メタン等のガスを含有する地層等に接し、または通じる井戸、たて坑、ずい道、潜函、ピット、その他これに類するものの内部
- ●長時間使用されていない井戸等の内部
- ●ケーブル、ガス管の他、地下に敷設されるものを収容するための暗きょ、マンホールまたはピットの内部

第2種酸素欠乏危険作業（酸素欠乏症および硫化水素中毒にかかるおそれのある次の場所での作業～主なもの）
- ●海水が滞留しており、もしくは滞留したことのある熱交換器、管、暗きょ、マンホール、溝もしくはピットまたは海水を相当期間入れており、もしくは入れたことのある熱交換器の内部
- ●し尿、腐泥、汚水、パルプ液その他発酵するものを入れてあり、または入れたことにあるタンク、船倉、槽、管、暗きょ、マンホール、溝またはピットの内部

作業主任者の選任
〈酸欠則11条〉

酸素欠乏危険
作業主任者

酸素欠乏・硫化水
素危険作業主任者

職務
- ●作業者が酸素欠乏等の空気を吸わないように作業の方法を決定し、指揮する。
- ●作業場所の空気中の酸素（および硫化水素）濃度を測定する。
- ●作業者の酸素欠乏症等を防止するための器具および設備を点検する。
- ●空気呼吸器等の使用状況を監視する。

保護具の使用〈酸欠則5条の2〉
保護具の点検 〈酸欠則7条〉
- ●その日の作業開始前

安全帯の使用等〈酸欠則6条〉
立入禁止 〈酸欠則9条〉

特別の教育〈酸欠則12条〉
関係作業に就く作業員に特別教育の実施

作業環境測定等 〈酸欠則3条〉
- ●第1種は酸素濃度、第2種は酸素濃度および硫化水素濃度

測定器具の備付け〈酸欠則4条〉
換気 〈酸欠則5条〉
人員の点検 〈酸欠則8条〉
監視人の配置 〈酸欠則13条〉
避難用具の備付け 〈酸欠則15条〉

第4章　送検事例
安衛法または刑法違反

労働災害を発生させた場合、安衛法または刑法違反で送検されることがあります。
一般的には、重大な労働災害または第三者災害を発生させた場合には、送検されるケースが多くみられます。
安衛法の場合は、安衛法の所定の条文違反で送検されることになります。刑法の場合は、業務上過失致死傷の容疑（刑法第211条）で送検されることになります。

街路樹剪定作業中に枝が折れ、作業員が墜落

何が起きたのか

1　造園業者の職長と8人の作業員がユリノキの剪定作業をしていた。
2　ユリノキは、高いところでは14mとなっていたので、高い部分の枝の剪定は、作業員が幹や枝伝いによじ登って行っていた。
3　被災者は10mの高さで、剪定作業をしていた。安全帯は太そうな枝に掛けることになっていたが、適当な枝がなかったので、フックを掛けずに作業をしていたところ、乗っていた枝が突然折れたため、地上へ墜落し死亡した。
　職長は、現場で監督にあたっていたが、ユリノキの上部では、安全帯を使用するが困難であることを承知していた。

調査でわかったこと

1　本来ならば高所作業車を使用すべきであったが、高所作業車を使用すると歩道の通行のさまたげとなり、通行車両からクレームが出ること、また高所作業車の移動に時間がかかり効率が良くないなどの理由で高所作業車を使用しなかった。
2　この現場で高所作業車を使用しないことは、事前に社長と職長がともに了解していた。

何をしたのか　何をしなかったのか
（なぜ送検されたのか…）

1　職長は、ユリノキが折れやすく、安全帯を使用しなければ、墜落の恐れがあることをわかりながら、墜落防止の措置をしなかった。
2　社長は、事前に職長と打ち合せて、高所作業車を使用しないことを決め、結果的に墜落防止措置をしなかった。

送検された者と違反条文

社長と職長
安衛法第21条第2項（事業者の講ずべき措置等）
安衛則第518条第1項（作業床の設置等）
刑法第60条（共同正犯）

事業主と職長・安責者が心得るべきこと

1　2m以上の高所で作業をさせるときは、作業床を設ける。作業床を設けることが困難な場合は、防網を張るか安全帯を使用させること。
2　安全帯を掛ける枝などがない場合は、高所作業車を使用すること。

第4章　送検事例
安衛法または刑法違反

手すりのない足場上で作業中に墜落

何が起きたのか

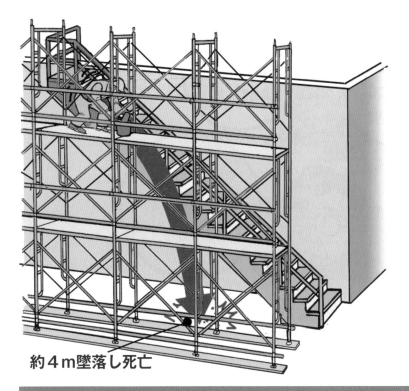

約4m墜落し死亡

1　鉄骨造2階建施設の新設工事で、職長と作業員2名が、地上から屋上までをつなぐ施設の屋外階段の塗装作業を行っていた。

2　塗装作業を行う階段には、3層の枠組み足場が組まれていた。

3　2名の作業員が階段の手すりの塗装作業をしていたところ、1名が足場と階段のすき間から約4m墜落し死亡した。

調査でわかったこと

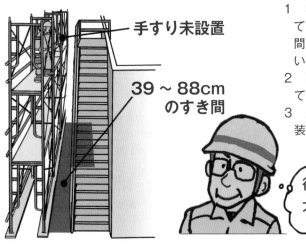

手すり未設置

39 ～ 88cm
のすき間

彼はベテランだから
大丈夫だろう

1　枠組み足場の外側部分には、手すりが設置されていたが、階段との間には、39 ～ 88cm のすき間があったにもかかわらず、手すりが設置されていなかった。

2　職長は、作業員には経験があるので、気をつけてもらえば大丈夫だと考えていた。

3　元請の現場監督は、階段側の手すりは無くても塗装はできるだろうと思い、手すりを設置しなかった。

何をしたのか　何をしなかったのか
（なぜ送検されたのか…）

1　職長は、2m以上の足場上で作業員に作業をさせるときは、墜落防止措置として、手すり等を設置する必要があったのに、未設置のまま作業をさせた。
2　元請の現場監督は、注文者として足場を協力会社に使用させる場合は、墜落防止措置をして、手すり等を設置する必要があったのに設置していなかった。

送検された者と違反条文

職長・協力会社
安衛法第21条第2項（事業者の講ずべき措置等）、同法第27条（労働者が守るべき事項の定め）、安衛則第519条第1項（作業床の端、開口部に囲い等の設置）

元請現場監督・元請会社
安衛法第31条第1項（注文者の講ずべき措置）、同法第36条（注文者の講ずべき措置の省令への委任）、安衛則第653条第1項（物品揚卸口等の措置）

事業主と職長・安責者が心得るべきこと

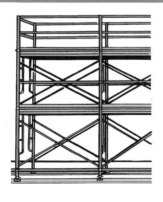

職長・協力会社
高さが2m以上の作業床の端、開口部などで墜落により労働者に危険を及ぼす恐れのある箇所には、囲い、手すり、覆い等を設けなければならないこと。

元請現場監督・元請会社
足場を協力会社の作業員に使用させる場合には、高さが2m以上の作業床の端、開口部などで墜落により労働者に危険を及ぼす恐れのある箇所には、注文者として、囲い、手すり、覆い等を設けなければならないこと。

第4章 送検事例
安衛法または刑法違反

昇降設備未設置で作業員が墜落

何が起きたのか

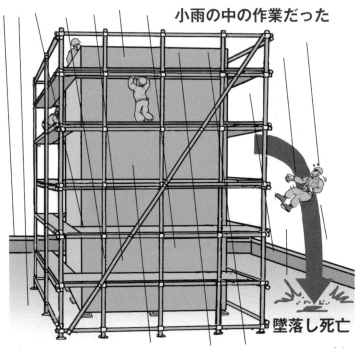

小雨の中の作業だった

墜落し死亡

1　鉄骨造6階建ビルの屋上の高さ12mの広告塔撤去工事中に、作業員が足場から10m墜落死亡した。

2　この工事は、1次協力会社の職長と作業員4名で行われていた。

3　広告塔の周囲に5層の単管足場を組み立て、足場には足場板を掛けたが、昇降設備は設けていなかった。

4　解体作業を始めて3日目、小雨が降っている中で3層目の足場上で作業していた作業員1名が足場から墜落した。

調査でわかったこと

作業主任者を選任していなかった

1　昇降設備がないので、持ち場の足場へ移動する際は、作業員は足場の部材に足を掛けるなどして、よじ登っていた。

2　墜落した作業員は、墜落時に安全帯を使用していなかった。

3　この解体作業には、作業主任者を選任する必要があったが、選任されていなかった。

4　作業員は、小雨の影響で、濡れた足場上で足をすべらせて墜落したものと推測される。

何をしたのか　何をしなかったのか
（なぜ送検されたのか…）

建築物等の鉄骨の組立て作業主任者を選任していなかった

選任 していなかった　職長

1　職長は、5層の単管足場を設置したのに、安全に昇降できる設備を設けなかった。
2　職長は、骨組みが金属製の部品で構成されている高さ約10mの広告塔の解体作業には、「建築物等の鉄骨の組立て作業主任者技能講習修了者」を作業主任者として選任しなければならないのに、選任していなかった。

送検された者と違反条文

職長・協力会社
安衛法第21条第2項（事業者の講ずべき措置等）
安衛則第526条第1項（昇降するための設備の設置等）
安衛法第14条（作業主任者）
安衛令第6条第15号の2（鉄骨等（高さ5m以上）の組立、解体作業）
安衛則第517条の4（作業主任者の選任）

事業主と職長・安責者が心得るべきこと

1　高さ、深さが1.5mをこえる箇所で作業を行うときは、作業員が安全に昇降するための設備を設けること。
2　建設物の骨組みが金属製の部材で構成され、その高さが5m以上のものの解体作業には、「建築物等の鉄骨の組立て作業主任者技能講習修了者」を選任すること。

建築物等の鉄骨の組立て作業主任者

75

塩化ビニール製の屋根を踏み抜き墜落

何が起きたのか

1　倉庫解体工事現場で、1次協力会社の個人企業経営主と作業員2名で屋根材の取り外し作業中、作業員が塩化ビニール製の屋根を踏み抜き、4m墜落し死亡した。

2　倉庫の屋根は、スレートで葺かれており、切妻形で頂点部の高さは5.5m、6カ所に明り取り用の塩化ビニール製の屋根材（縦75㎝、横180cm）が設けられていた。

3　倉庫内には、高さ3m、幅4mの中2階部分があったので、この部分の屋根の解体から始めた。

4　中2階に脚立を据えて屋根材の解体をしていたところ、脚立上からでは、取り外せないところが出てきたので、作業員1名が、脚立から鉄骨を伝って屋上に上がり、屋根材の取り外しを行っていたところ、塩化性ビニール製の屋根材を踏み抜き墜落死亡した。

4m墜落し死亡

中2階

調査でわかったこと

1　1次の個人企業経営主は、幅が30cm以上の歩み板や防網、親綱、安全帯を現場に持ち込んでいなかった。

2　1次の個人企業経営主は、作業員に対し「屋上で作業をする場合には、鉄骨の上を歩くように」との指示をしただけであった。

鉄骨の上を歩いていれば大丈夫だ

親綱も
安全帯も
歩み板も
防網も
現場に持ち込んでいなかった

何をしたのか　何をしなかったのか
（なぜ送検されたのか…）

1次の個人企業経営主は、作業員に屋根上で作業させるための、幅が 30cm 以上の歩み板や防網を設けていなかった。また、親綱を設置し、安全帯を使用させる等の措置も講じていなかった。

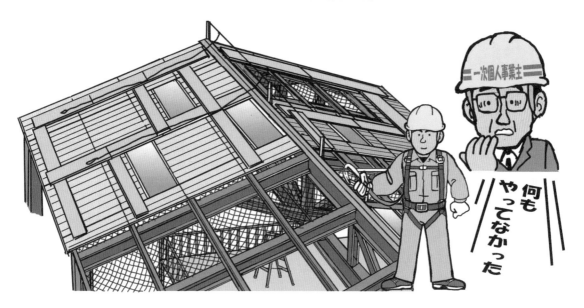

送検された者と違反条文

1次の個人企業経営主
安衛法第 21 条第 2 項（事業者の講ずべき措置等）
安衛則第 524 条（スレート等の屋根上の危険防止）

事業主と職長・安責者が心得るべきこと

1　作業員に高さ 2 m以上の屋根上で作業をさせる場合は、幅が 30cm 以上の歩み板を設けるとともに、防網、または親綱を設置し、安全帯を使用させるなどの措置を講ずること。
2　解体工事は、新築工事に比べると、早期に終わらせようとして、作業が大味となり安全が後回しになることが多いので、先手、先手の危険防止措置をすること。

エレベーターの改修工事で作業員が足場から墜落

何が起きたのか

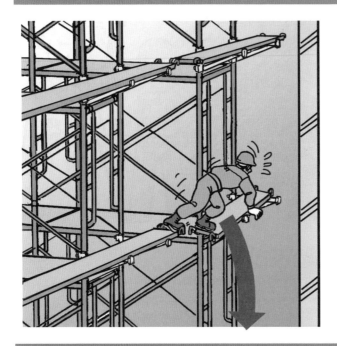

1 エレベーター改修工事で、墨出し作業中の作業員が高さ20mのブラケット足場から、足場板ごと墜落し死亡した。
2 この改修工事には、2次協力会社の職長と作業員5名が従事していた。
3 職長と作業員1名は、エレベーターガードレールの位置を決めるための墨出し作業を、ブラケット上に設置された足場上で行っていた。
4 作業員が、別の足場へ移動しようとして、足場板がブラケットにはめ込まれていないところに乗ったため、足場板が外れて、足場板とともに20m墜落した。

調査でわかったこと

1 ブラケット足場には、手すりが設置されていなかった。
2 足場板は、片方だけブラケットにはめ込み、反対側はブラケットにのせられているだけで、緊結されていなかった。
3 足場板は、ブラケットのすべてには取り付けられていなかったため、足場上での作業が終了すると、取り外して、別の作業場所で使用していた。
4 足場板と壁のすき間は、65cm あった。

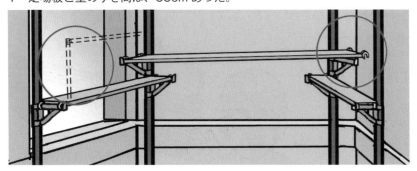

何をしたのか　何をしなかったのか
（なぜ送検されたのか…）

職長および2次協力会社
高さ2m以上の箇所に設置された足場には、手すりなどの墜落防止措置を講じなければならないのに、設けていなかった。

元請現場監督および元請会社
高さ2m以上の箇所に設置された足場を協力会社に使用させる場合は、注文者として手すりなどの墜落防止措置を講じなければならないのに、設けていなかった。

送検された者と違反条文

協力会社も元請も送検

職長および2次協力会社
安衛法第20条第1号（事業者の講ずべき措置等）
安衛則第563条第1項（作業床）

元請所長および元請会社
安衛法第31条第1項（注文者の講ずべき措置）
安衛則第655条第1項（足場についての措置）

事業主と職長・安責者が心得るべきこと

職長および2次協力会社
高さ2m以上の箇所に設置された足場には、手すりなどの墜落防止措置を講ずること。

元請現場監督および元請会社
高さ2m以上の箇所に設置された足場を協力会社に使用させる場合は、注文者として手すりなどの墜落防止措置を講ずること。

第4章　送検事例
安衛法または刑法違反

用途外使用のアースドリルつり上げ作業で作業員が死亡

何が起きたのか

1　マンション新築現場で２つの水槽をまとめてアースドリルでつり上げ、トラックの荷台に降ろそうとした際、重量オーバーとなり、ブームが傾斜して、水槽が落下し作業員が下敷きとなり死亡した。水槽①（縦2.3ｍ、横9.5ｍ、高さ2.3ｍ、重量約7ｔ）水槽②（縦2ｍ、横9.2ｍ、高さ2.3ｍ、重量約7ｔ）

2　この作業は、１次協力会社の職長の指揮・監督のもと、同社の作業員２名が従事していた。職長がアースドリルの運転をし、２名の作業員が玉掛と荷降ろし作業にあたっていた。

3　被災作業員は、水槽がつり上がったので、最後に残った進行方向左側のあおりを開くため、つり荷の下を通ろうとしたときに、水槽が落下してきたため、下敷きとなり死亡した（２方面のあおりをすでに開いていた）。

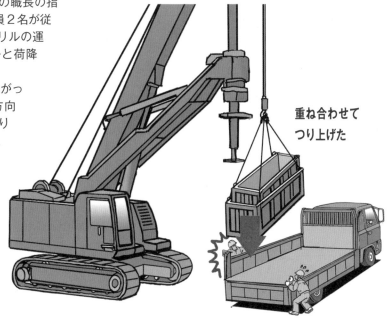

重ね合わせて
つり上げた

調査でわかったこと

1　計画では、アースドリルの補巻のクレーン機能により、水槽を１つずつつり上げて、トラックの荷台へ積み込むことになっていた。

2　職長は、この計画を無視して、水槽２つを重ね合わせ（水槽①の中に水槽②を入れた）一度につり上げるこことした。

3　２つの水槽を重ね合わせると、総重量は、14ｔとなり、補巻のクレーン機能でつり上げ可能な7.5ｔを超えるので、職長は、主巻でフック付きのワイヤーをとりつけ、つり上げることとした。

4　職長は、以前に同じアースドリルを運転し、主巻によるつり上げで7.5ｔを超える荷をつり上げていたことがあった。

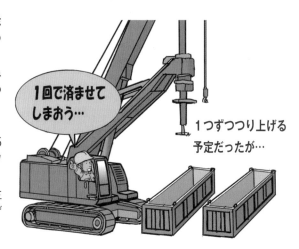

1回で済ませてしまおう…

1つずつつり上げる
予定だったが…

何をしたのか　何をしなかったのか
（なぜ送検されたのか…）

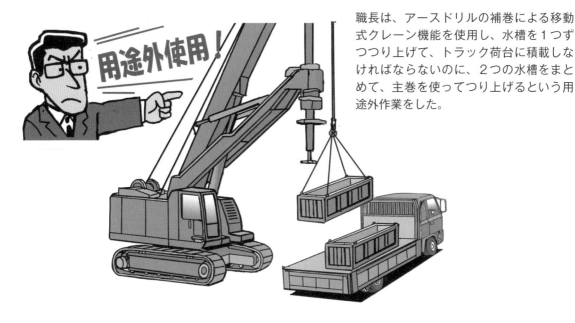

職長は、アースドリルの補巻による移動式クレーン機能を使用し、水槽を1つずつつり上げて、トラック荷台に積載しなければならないのに、2つの水槽をまとめて、主巻を使ってつり上げるという用途外作業をした。

送検された者と違反条文

職長および協力会社
安衛法第20条第1号（事業者の講ずべき措置等）
安衛則第164条第1項（主たる用途以外の使用制限）

事業主と職長・安責者が心得るべきこと

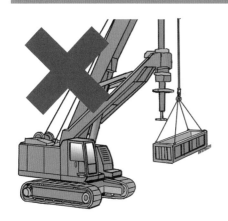

1　アースドリルは、車両系建設機械に含まれ、車両系建設機械で荷をつり上げるなどの用途外使用は禁止されている。
2　作業の性質上やむをえない場合に限り、車両系建設機械による荷のつり上げが行えるが、そのためには、負荷させる荷重に応じた十分の強度を持つフックを取り付け、つり上げた荷の落下により危険が生じるおそれがある箇所への立入禁止措置等のさまざまな安全対策を講じなければないこととされている。
3　つり荷の下での作業や通行はさせないこと。

作業主任者を選任せずマンホールに立ち入らせ酸欠死亡

何が起きたのか

1　下水管敷設工事現場で、調査のためマンホールに入った作業員が、酸素欠乏症、硫化水素中毒で死亡し、救助に向かった職長も重体となった。
2　1次協力会社の職長と作業員3名が、既設のマンホールのわきに枝管の下水管を敷設し、既存のマンホールと接続する工事に従事していた。
3　作業員1名が、枝管の敷設状況を調査しようと、マンホール内のはしごをつたって下に降りた。
4　しばらくして、職長がマンホールの中をのぞくとこの作業員が倒れていたので、大声を張り上げたのち、作業員を救出しようと、マンホール内へ入った。
5　職長の大声に気づいた他の作業員が、マンホールの中をのぞくと、職長と作業員が格子状のフタの上で倒れているのを見つけた。
6　2人は、後に救出されたが、作業員は死亡し、職長は重体となった。

調査でわかったこと

1　マンホールの内部には、大量の汚水が滞留しており、2人は酸素欠乏症、硫化水素中毒をおこしたとみられる。
2　職長は、作業主任者を選任しておらず、マンホール内の酸素および硫化水素の濃度測定も実施していなかった。また、換気の実施や保護具の使用措置も講じていなかった。
3　職長の酸欠および硫化水素中毒に対する知識が乏しかったため、自身も2次災害にあうこととなった。

何をしたのか　何をしなかったのか
（なぜ送検されたのか…）

酸素欠乏危険
作業主任者
を選任しなかった

職長は、酸素欠乏危険作業主任者を選任しなければならないのに、選任していなかった。

送検された者と違反条文

職長および協力会社
安衛法第 14 条（作業主任者）
酸素欠乏症等防止規則第 11 条第 1 項（作業主任者）

事業主と職長・安責者が心得るべきこと

1　酸素欠乏症、硫化水素中毒のおそれのある箇所では、
　①　酸素欠乏危険作業主任者の選任
　②　作業開始前の酸素および硫化水素の濃度測定
　③　換気による必要な酸素の確保
　④　空気呼吸器などの保護具の使用
　等の措置を講じること。

2　職長と作業員には、酸欠硫化水素のおそろしさと対処法を教育すること。

アースドリルが転倒して第三者を死傷させた

何が起きたのか

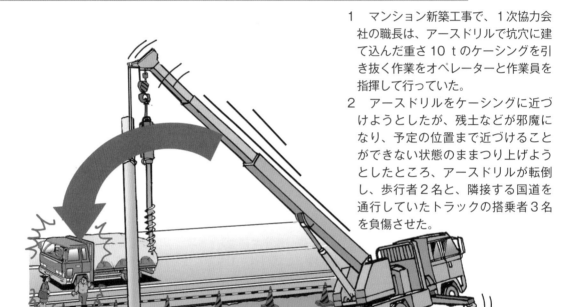

1 マンション新築工事で、1次協力会社の職長は、アースドリルで坑穴に建て込んだ重さ10tのケーシングを引き抜く作業をオペレーターと作業員を指揮して行っていた。

2 アースドリルをケーシングに近づけようとしたが、残土などが邪魔になり、予定の位置まで近づけることができない状態のままつり上げようとしたところ、アースドリルが転倒し、歩行者2名と、隣接する国道を通行していたトラックの搭乗者3名を負傷させた。

調査でわかったこと

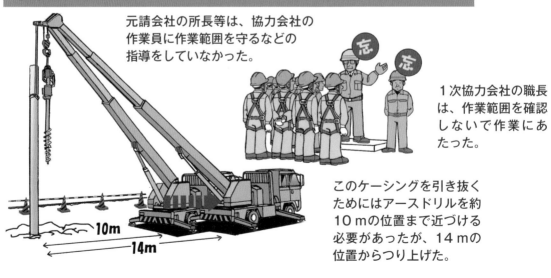

元請会社の所長等は、協力会社の作業員に作業範囲を守るなどの指導をしていなかった。

1次協力会社の職長は、作業範囲を確認しないで作業にあたった。

このケーシングを引き抜くためにはアースドリルを約10mの位置まで近づける必要があったが、14mの位置からつり上げた。

10m

14m

何をしたのか　何をしなかったのか
（なぜ送検されたのか…）

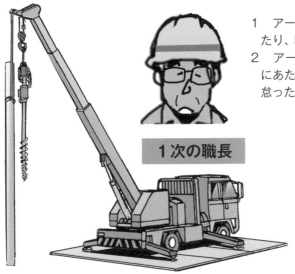

1　アースドリルを用いた危険を伴う作業を行うにあたり、転倒防止のため、必要な措置をとらなかった。
2　アースドリルを用いて作業員に作業を行わせるにあたり、職長としての要求される指導監督義務を怠った。

1次の職長

元請会社工事責任者

元請会社工事担当者

アースドリルの転倒災害について、その危険を予見し、回避するための必要な指導、監督を行わず、特段の注意もしなかった。

送検された者と違反条文

・ 安衛法第20条第1号（事業者の講ずべき措置等）
・ 安衛則第163条（使用の制限）
・ 刑法第211条（業務上過失致死傷罪）

1次の職長および協力会社

オペレーター

・ 刑法第211条（業務上過失致死傷罪）

元請会社工事責任者

元請会社工事担当者

・ 刑法第211条（業務上過失致死傷罪）

事業主と職長・安責者が心得るべきこと

職長および協力会社

・ アースドリルの補助つり機能を用いてつり上げ作業をするときは、転倒防止のために不可欠な適正なつり荷重や、これに応じた安全な作業半径の確認を行うこと。

元請会社工事責任者
元請会社工事担当者

・ 危険をともなう重機作業については、協力会社の作業計画作成などについて指導支援を行うこと。
・ 作業中は、現地立ち合いをし、施工状況を把握して、的確な安全指示をすること。

作業構台からブロックが落下、第三者が負傷

何が起きたのか

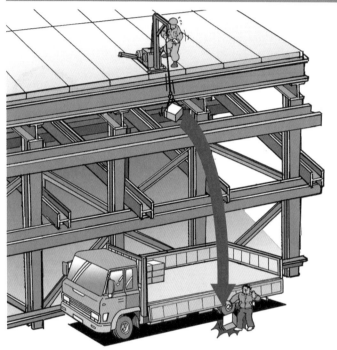

1　4階建てビル改修工事で、高さ12m
の作業構台から、重さ10kgのコンク
リートブロック（30cm四方）を落下させ、
地上に激突し割れた破片が通行人の足
にあたった（骨折）。
2　この作業は、元請の個人企業経営主
と1次協力会社の作業員2名で行われ
ており、1次協力会社の社長は、不在
だった。
3　作業構台の真下に駐車したトラック
の荷台からコンクリートブロックを作
業構台へ電動式の巻き上げ機でつり上
げていたところ、つり上げてきたコン
クリートブロックを作業員がうまくつ
かめず、ワイヤロープをつかんでしまっ
た。その時、ロープが巻き上げ機から
外れてしまい、そのはずみでコンクリー
トブロックが落下した。

調査でわかったこと

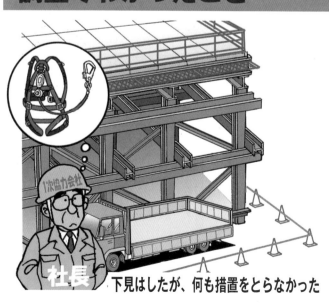

下見はしたが、何も措置をとらなかった

1　作業構台は、元請の個人企業経営主
が設置したものであった。
2　1次協力会社の社長は、事前に現場
の下見をしており、手すりがないこと
をわかっていたが、元請会社へ手すり
を設置するよう要請しなかった。
3　ビルには、飛来落下防止の防網は設
置されておらず、作業構台下部への立
入禁止措置もされていなかった。
4　作業構台上で作業中の作業員は、安
全帯を使用していなかった。
5　今回の災害では、第三者が負傷した
が、落下物が下で働く作業員にあたっ
た場合、あるいは、作業員が作業構台
から墜落した場合は、間違いなく死亡
災害につながったと推量される。

何をしたのか　何をしなかったのか
（なぜ送検されたのか…）

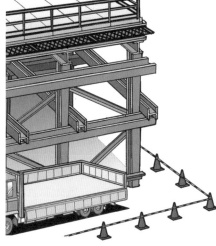

1　元請個人企業経営主は、協力会社に高さ12mの作業構台を使用させる場合には、注文者として、手すりを設置するなどの墜落防止措置を講じなければならないのに、講じていなかった。
2　協力会社社長は、自社の作業員に作業構台上で作業させる場合は、手すりを設置するなどの墜落防止措置を講じなければならないのに、講じていなかった。
3　協力会社社長は、飛来・落下災害防止のため、トラックの周辺を立入禁止区域とするなどの措置を講じなければならないのに、講じていなかった。

送検された者と違反条文

元請個人企業経営主
安衛法第31条第1項（注文者の講ずべき措置）
安衛則第655条の2第1項第3号（作業構台についての措置）

協力会社および社長
安衛法第20条1号（事業者の講ずべき措置等）
安衛則第575条の6第1項第4号（作業床の端部の措置）

事業主と職長・安責者が心得るべきこと

元請会社
高さ2m以上の作業構台を協力会社の作業員に使用させる場合は、墜落により作業員に危険を及ぼすおそれのある箇所には、注文者として手すり等および中さん等を設けること。

社長・協力会社
1　高さ2m以上の作業構台の作業床の端部で、墜落により作業員に危険を及ぼすおそれのある箇所には、手すり等および中さん等を設けること。
2　飛来・落下災害のおそれのある箇所には、立入禁止措置を講ずること。
3　作業の性質上、手すり等を設けることが著しく困難な場合または作業の必要上臨時に手すり等を取り外す場合においては、防網を張り、作業員に安全帯を使用させるなどの措置を講ずること。

くぎ打ち機による災害を報告しなかった

何が起きたのか

くぎ打ち機のくぎを連結する
ワイヤーの破片が跳ね、右目
に刺さった

1　建築工事現場で、作業員が型枠制作のため、くぎ打ち機を使用していたところ、くぎを連結しているワイヤーの破片が右眼に刺さり、眼球が破裂した。

2　2次協力会社の職長は、作業員3名とともに、型枠組立作業を行っていた。

3　作業開始後、型枠の数が足りないことがわかったので、職長は、作業員1名にくぎ打ち機を使用して型枠を作成するように命じた。

4　作業員は、パネル（縦4m、横0.9m）に角材をくぎで打ち込んでいたところ、くぎに連結していたワイヤーの破片が跳ね返り、右眼に刺さった。

5　職長は、作業員を病院へ連れていき治療を受けさせたが、作業員の健康保険を使用して治療するように指示した。

調査でわかったこと

1　作業員は、右眼球破裂のため2週間休業することとなったが、2次の協力会社は、治療費と休業補償をすべて負担して、この災害を元請会社にも、労働基準監督署にも報告しなかった。

2　災害発生から4カ月後、この災害についての情報を得た元請会社が調査をした結果、監督署への報告がされていないことを知り、直ちに労働基準監督署へこの事実を報告した。

元請会社

労働基準監督署

3次協力会社

報告しなかった

報告しなかった

何をしたのか　何をしなかったのか
（なぜ送検されたのか…）

1　職長は、現場で発生した災害を健康保険を使用して処理させ、元請会社への報告を怠った。
2　被災者を雇用していた3次の協力会社は、被災者の休業期間中の治療費や休業補償を負担し、労働基準監督署への災害報告をしなかった。

送検された者と違反条文

職長・協力会社
安衛法第100条第1項（報告等）
安衛則第97条第1項（労働者死傷病報告）

事業主と職長・安責者が心得るべきこと

1　現場で災害が発生したときは、直ちに元請会社へ報告する。
2　現場で災害が発生した場合は、休業日数により適切に労働基準監督署長へ報告する（災害の報告は、被災者を雇用している会社が行うこととされている）。
　①負傷、窒息、急性中毒により死亡し、または4日以上休業したとき
　　遅滞なく、被災作業員を雇用している会社が「労働者死傷病報告」（様式第23号）により報告する。
　②負傷、窒息、急性中毒により3日以下休業したとき
　　毎年、4、7、10、1月末までに全3カ月分をまとめて、被災作業員を雇用している会社が「労働者死傷病報告」（様式第24号）により報告する。

第4章　送検事例
安衛法または刑法違反

現場の災害を自社で発生したと偽って報告

何が起きたのか

1 水道工事現場で、マンホール直下にある水道管に設置されている消火栓のさび取りなどのメンテナンス工事を1次協力会社の作業員3名が行っていた。
2 作業員1名が、メンテナンス道具をもってマンホールのタラップを上がっていく途中、足を滑らせて2m墜落した。
3 被災者は、しばらく我慢して作業していたが、痛みに耐えきれず、他の作業員に伝えて、自分で運転して病院へ行き、治療を受けた。
4 休業2カ月を要する右下腿脛骨骨折と診断された。

調査でわかったこと

自社の資材置き場で
発生した事故という
ことにしよう…

協力会社 社長

1 この工事は、工期が1日と短かったため、協力会社の社長が本社から指示を出し作業員のみで作業にあたらせていた。
2 被災者から災害の報告を受けた社長は、「この現場で災害を発生させると、今後元請会社から仕事はもらえなくなる」と考え、自社の資材置き場のはしごから墜落したことにし、偽りの「労働者死傷病報告」を労働基準監督署へ提出した。
3 災害発生後、被災者がこの災害について、労働基準監督署へ相談に行ったことで労災かくしが発覚した。

何をしたのか　何をしなかったのか
（なぜ送検されたのか…）

　1次協力会社の社長は、現場で発生した災害を、自社の資材置き場で発生したことにし、偽りの「労働者死傷病報告」を提出した。

送検された者と違反条文

社長・協力会社
安衛法第100条第1項（報告等）
安衛則第97条第1項（労働者死傷病報告）

事業主と職長・安責者が心得るべきこと

1　労災が発生した場合、発生場所を偽るなど、その場しのぎの手段でごまかそうとしても、結局ばれてしまい、重大な禍根を残すことになる。
2　労災かくしで摘発されたときのダメージは、元請会社からの工事の発注停止など、そうとう大きなものとなるので、労災かくしは絶対にしないこと。

第5章　行政的責任

安衛法と建設業法では、それぞれの法律にもとづく行政指導または行政処分が行われています。
行政機関は、法律の目的を達成するため、企業に対する行政処分を行いますので、事業者は、対象となる違反事項をよく知ったうえで、行政責任がはたせるよう正しい対応をしなければなりません。

これらの行政処分を受けないよう、行政責任をはたす

1　安衛法にもとづく指導、是正勧告および使用停止命令

安衛法は行政指導が中心

安衛法というと処罰の法律というイメージが強いですが、行政指導によって身体の危険と健康障害の防止をはかることを中心とする法律です。
安衛法違反による行政指導は、次のとおりです。

1　指導票

法令違反に関しての改善のための指導事項および法令違反に該当していないが、改善すべき事項についての「指導事項」を記載して交付される文書です。

2　是正勧告書

労働基準監督官が事業場を臨検したときに、法令違反について、是正を指導するときに交付される文書です。
重要事項の違反については、「所定の期日までに是正しない場合は、送検手続きをとることがある」と警告付きの是正勧告書が交付されます。この場合は、必ず定められた期日までに是正して、報告しなければなりません。

3　警告書

違反が重大、悪質な場合に、労働基準監督署長名により、交付される文書のことです。

安衛法の行政命令

安衛法では、「事業者、注文者、機械貸与者および建物貸与者」が講ずべき事項に違反する事実があるときは、違反したこれらの者に対して、必要な事項を命ずることができます。

この命令は、労働局長および労働基準監督署長から発せられます。「使用停止命令」の文書で出されることが多いです。

これらの法令違反により、労働者に窮迫（きゅうはく）した危険があるときは、労働基準監督官は、「労働局長または労働基準監督署長」の権限を即座に行使することができます。

また、労働局長および労働基準監督署長は、労働災害の窮迫した危険があり、かつ、緊急の必要があるときは、必要な限度において、事業者に対して、作業の全部または一部の停止などの労働災害防止に必要な応急の措置を命ずることができます。

事業者は、使用停止命令書を受け取ったときは、「命令の内容」および「期間または期日」を守らなければなりません。

第5章 行政的責任

是正勧告書

令和　　年　　月　　日

　　　　　　殿

　　　　　労働基準監督署

　　　　　労働基準監督官　　　　　　　㊞

　貴事業場における下記~~労働基準法、~~労働安全衛生法違反~~及び自動車運転の労働時間等の改善のための基準違反~~については、それぞれ所定期日まで是正の上、遅滞なく報告するよう勧告します。

　なお、法条項に係る法違反（罰則のないものを除く）については、所定期日までに是正しない場合または当該期日前であっても当該法違反を原因として労働災害が発生した場合には、事案の内容に応じ、送検手続をとることはあります。

　また、「法条項等」欄に□印を付した事項については、同種違反の繰り返しを防止するための点検責任者を事項ごとに指名し、確実に点検補修を行うよう措置し、当該措置を行った場合にはその旨を報告してください。

法条項等	違反事項	是正期日
安衛法第30条第1項	特定元方事業者の労働者及び関係請負人	即　時
（安衛則第639条	の労働者が同一の場所において行われる	・　・
第1項）	場合に、クレーンの運転についての合図	・　・
	を統一的に定め、関係請負人に周知させ	・　・
	ていないこと。	・　・
		・　・
		・　・
		・　・
		・　・
		・　・
受 領 年 月 日　　受領者職氏名	令和　　年　　月　　日	(1) 枚のうち　(1) 枚 　目

（注）1．労働安全衛生法等関係法令違反を原因として、労働災害を発生させた場合には、是正期日前であっても、労働者災害補償保険法に基づき特別に費用を徴収することがあります。
　　　2．この勧告書は3年間保存してください。

96

使用停止等命令書

労 署 使 第 　 号 の
令和 　 年 　 月 　 日

（事業者等）

殿

労働基準監督署長 　 　 ㊞

　○○○○○における下記の「命令の対象物件等」欄記載の物件等に関し、「違反法令」欄記載のとおり違反があるので~~労働基準法第一条~~、労働安全衛生法第98条1項に基づき、それぞれ「命令の内容」欄および「命令の期間または期日」欄記載のとおり命令します。

　なお、この命令に違反した場合には、送検手続をとることがあります。

番号	命令の対象物件等	違反法令	命令の内容	命令の期間または期日
1	ダクトスペース	安衛法第31条 （安衛則第653条）	右の期間立入を禁止すること	法違反が是正されたことを確認する間
			右の期日までに墜落防止用の足場を設けること	令和 　 年 　 月 　 日

備考

1. 上記命令について、当該違反が是正された場合には、その旨報告してください。
   なお、「番号」欄に□印を付した事項については、今後同種違反の繰り返しを防止するための点検責任者を事項ごとに指名し、確実に点検補修を行うよう措置して併せて報告してください。
2. この命令に不服がある場合には、この命令があったことを知った日の翌日から起算して60日以内に厚生労働大臣　労働局長　労働基準監督署長に対して審査請求することできます（命令があった日から1年を経過した場合を除きます）。
3. この命令に対する取消訴訟については、国を被告として（訴訟において国を代表する者は法務大臣となります）、この命令があったことを知った日の翌日から起算して6カ月以内に提起することができます（命令があった日から1年を経過した場合を除きます）。
   ただし、命令があったことを知った日の翌日から起算して60日以内に審査請求をした場合には、命令の取消訴訟は、その審査請求に対する裁決の送達を受けた日の翌日から起算して6カ月以内に提起しなければなりません（裁決があった日から1年を経過した場合を除きます）。
4. この命令書は3年間保存してください。

受 領 年 月 日 受 領 者 職 氏 名	令和 　 年 　 月 　 日

（注）命令の対象物件等に関して労働災害を発生させた場合は、是正期日内であっても、送検手続をとることがあり、また、労働者災害補償保険法に基づいて特別に費用徴収することがあります。

2 建設業法にもとづく行政処分

建設業法の行政的責任

行政機関は、その目的を達成するために、企業に対して行政処分を行いますが、建設業法においては、「指示」、「営業の停止」および「許可の取消し」の行政処分があります。

「指示」は、「建設工事を適切に施工しなかったために公衆に危害を及ぼしたとき、または危害を及ぼすおそれが大であるとき」など、建設業者として不適切であると認められるとき、または入札契約適正化法などに違反した場合に行われます。

「営業の停止」は、「指示」に従わないとき、または「契約に関し不誠実な行為をしたとき」など建設業法第28条第1項の各号に該当するときに行われます。営業の停止は、1年以内の期間を定めて、その営業の一部または全部について行われます。この停止は、国土交通大臣または都道府県知事によって行われます（建設業法第28条第1項の各号は、次ページ参照）。

「許可の取消し」は、「営業停止処分に違反して営業した場合」、「建設業法第28条第1項各号のいずれかに該当し、情状が特に重い場合」などに行われます。この取消しは、国土交通大臣または都道府県知事によって行われます。

建設業の行政処分

指示　　営業の停止　　営業の取消し

行政処分にからむ主な事項

「指示」、「営業の停止」および「許可の取消し」という行政処分にかかわる主な事項は、建設業法第 28 条第 1 項に定められています。
これらの事項を守り、行政処分を受けないようにすることです。

建設業法第 28 条第 1 項に定められている事項

① 工事を適切に施工しなかったために公衆に危害を及ぼしたとき、または危害を及ぼすおそれが大であるとき
② 請負契約に関し不誠実な行為をしたとき
③ 建設業者またはその役員、支店長、営業所長などがその業務に関し他の法令（独禁法、刑法等）に違反し、建設業者として不適当と認められたとき
④ 一括下請負の禁止等に違反したとき
⑤ 主任技術者または監理技術者の工事施工管理が著しく不適当で、変更が公益上必要なとき
⑥ 建設業の許可を受けていない建設業者と下請契約を締結したとき
⑦ 特定建設業者以外の建設業者と 4,500 万円（建築工事は 7,000 万円）以上の下請契約を締結したとき
⑧ 営業の停止または営業を禁止されている者と下請契約を締結したとき
⑨ 「履行確保法」に定める、特定住宅建設瑕疵担保保証金の供託などに違反したとき

第5章 行政的責任

指導・助言・勧告

国土交通大臣または都道府県知事は、建設業者等に対して、建設工事の適正な施工を確保し、または建設業の健全な発展をはかるために必要な「指導」、「助言」および「勧告」を行うことができます。

「勧告」は、強制命令ではありませんが、これに的確に対応しない場合は、「指示」処分に付されることになります。

元請である特定建設業者の協力会社が、その労働者の賃金の支払いを遅延した場合または他人に損害を与えた場合において、国土交通大臣または都道府県知事は、特定建設業者に対して適正な措置をとるよう「勧告」することができるとされていますので、注意が必要です。

特定建設業者の指導

特定建設業者は、建設工事に従事する協力会社の法令順守を徹底するため、すべての協力会社に対して、建設業法、建築基準法、労働基準法、安衛法などの法律に違反しないよう、指導に努めることとされています。

協力会社に対する指導は、具体的に違反事項を指摘することにより、協力会社がすみやかに是正できるようにします。

協力会社が是正指導に従わないときは、地方整備局や都道府県知事などの許可行政庁に通報することとされています。この通報を怠ると、特定建設業者自身が監督処分を受けることがあります。

指名停止

労働災害や第三者災害などに対する国土交通省関係による指名停止は、公共工事の発注者が内部規定として定めているものです。

国土交通省が発注する工事に関して、地方支分部局所掌の「工事請負契約に係る指名停止等の措置要領」が定められており、有資格登録業者が汚職行為、不誠実な行為、または事故などを起こした場合、一定の期間と範囲を定めて指名から排除されます。

指名停止を受けると、当該地方支分部局所掌の指名入札工事への参加に限らず、一般競争入札等への参加資格も失うことになります。

相互通報制度

基発第573号　昭和47年9月12日　改正平成16年4月1日

建設業における労働災害の防止および賃金不払い防止の徹底を期すため、労働基準監督機関と建設行政機関との間で相互通報が行われています。

労働基準監督機関から建設行政機関に対して、賃金不払いの事例および労働基準法等に違反して罰金刑以上の刑に処せられた事業場の事例が通報されます。

また、特定建設業者から許可行政庁に通報された労働基準法および労働安全衛生法の違反事例については、建設行政機関から労働基準監督機関へ通報されます。

第5章　行政的責任

労働基準法に違反した事案

賃金不払いを発生させ是正勧告書の交付または司法処分に付された事案

特定建設業者の協力会社が発生させた賃金不払いで自主的な解決が図られていないもの

特定建設業者から建設行政機関に通報された労働基準法および労働安全衛生法違反の事例

第6章　民事的責任

労働災害が発生した場合、労災保険とは別に、民事上の損害賠償を請求されることが増えています。

事業者は、民法にもとづく損害賠償という民事責任を負っているのです。

民法にもとづく損害賠償、いわゆる「上積み補償」は、高額になってきており、特に、民法の改正（2020年4月1日施行）により、法定金利が引き下げられたこともあって、いよいよ高騰する傾向にあります。

労働災害が発生したとき、どのような対応をすれば、民事責任がはたせるかを心得て対応してください。

労災保険とは別に上積み補償が必要

上積み補償が高くなる
上積み補償額を試算し、被災者との交渉にあたる

損害賠償責任（不法行為責任）

労働災害の損害賠償責任は、民法にもとづき請求されるもので、①不法行為責任、②債務不履行責任の２つがあります。

① 不法行為責任

不法行為責任は、損害賠償を要求されるのは次の３つに分かれます。

①一般の不法行為責任

　行為者の故意または過失によって他人の権利を侵害して損害を与えたことによって生じる責任です。

　移動式クレーンの運転者の操作ミスでクレーンが倒れ作業員が下敷きになったような事例です。

②使用者責任

　使用者責任とは、作業員が会社の業務を行っているときに発生させた不法行為について、その作業員を雇用する使用者（事業主）に発生する損害賠償責任のことです。

③土地の工作物責任

　土地の工作物責任は、建物その他土地の工作物の設置・保存の不備により、他人に損害を与えた場合、その占有者または所有者がその損害を賠償しなければならない責任のことです。

　土地の工作物は、土地に人工的作業を加えて設けたもので、建物、道路、足場などが含まれます。

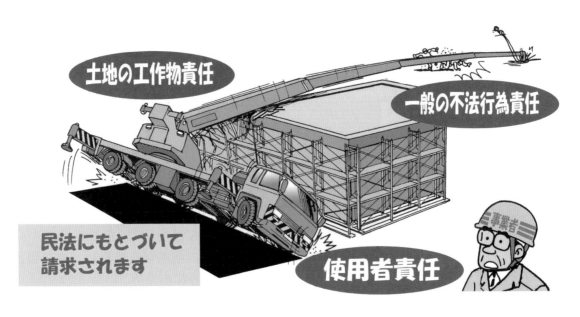

土地の工作物責任

一般の不法行為責任

民法にもとづいて請求されます

使用者責任

事業者

損害賠償責任（債務不履行責任）

② 債務不履行責任

債務不履行とは、「債務者が、債務の本旨に従った履行をしないこと」をいいます。

労働災害についての債務不履行責任は、「使用者（事業主）は、労働契約において、労働者の労務の提供に対し、労働者の生命および健康を危険等から保護するように配慮すべき義務」を怠ったことに対する責任です。

この義務は、「安全配慮義務」といわれており、労働契約法では、「使用者は、労働契約に伴い、労働者がその生命、身体等の安全を確保しつつ労働ができるよう、必要な配慮をするものとする」と定められています。

労働災害の発生に関し、法令に違反した場合はもちろんのこと、災害の発生について予見でき、回避が可能であったのに、適切な措置をしなかったために災害が発生した場合は、安全配慮義務違反とされます。

安全配慮義務違反については、立証する義務は、使用者が負うことになり、「安全配慮義務」をつくしており、災害の発生に関し責任がないことを立証しなければなりません。

安全配慮義務
適切な措置をとらなかった場合は「債務不履行責任」を問われます

労働契約を結んだ労働者

民法の消滅時効が改正された

民法の改正（2020年4月1日施行）により、生命・身体の侵害による損害賠償の消滅時効が改正されました。

人の生命または身体の損害賠償請求権は、次の場合に消滅します。

◎債権者が権利を行使することを知ったときから5年間経過

◎権利を行使することができるときから、20年間行使しないとき

被災者等の請求者が権利を行使できることを知ったときから5年経過

権利を行使できるときから20年経過

損害賠償請求権は消滅

新しい消滅時効は、次のとおりです

賠償責任の種類	立証責任者	消滅時効（主観的起算）		消滅時効（客観的起算）	
不法行為による損害賠償	被災者側	原則	3年	20年	
		人の生命・信頼の被害の場合	5年		
債務不履行による損害賠償	使用者側	5年		原則	10年
				人の生命・身体の被害の場合	20年

損害賠償を請求されるのはどのような労働災害か

一般的に、損害賠償を請求される労働災害は、障害が残った場合と死亡した場合です。障害については、軽度の障害や本人の過失が大きなものについては、請求されないことが見受けられます。

重大な災害については、損害賠償を要求されると考えて事前の対応を進めておくとよいでしょう。

損害賠償には消滅時効がありますので、この期間が過ぎれば、損害賠償の要求はできなくなります（消滅時効については前ページ参照）。

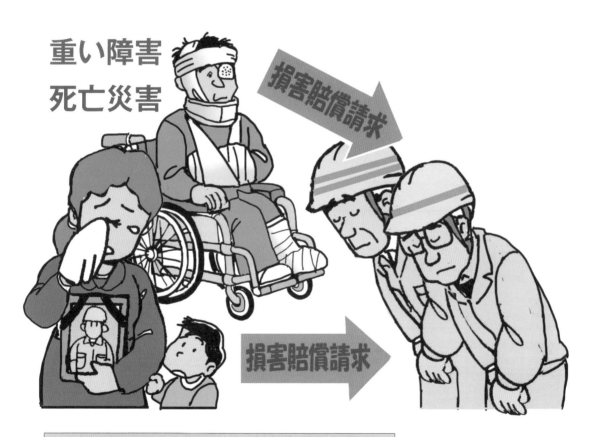

重い障害
死亡災害

損害賠償請求

損害賠償請求

消滅時効にかかると請求できない

労災保険からの給付があるのに上積み補償はなぜ必要

作業員が働いていてケガをしたときは、その作業員を雇用している会社が災害補償をすることと、労働基準法で定められています。

しかし、現実に労働災害が発生したとき、その補償能力のない会社の場合では、災害補償をしてもらえないことがおこります。このため、労働者保護の観点から、労災保険制度が設けられ、会社は、労災保険に強制的に加入することとされました。

本来、作業員を雇用している会社がそれぞれ労災保険に加入するのが原則ですが、建設現場においては、元請会社が作業に従事するすべての協力会社の分も含めて、労災保険に加入することとされています。

このような労災保険の取決めがあるので、作業員が工事現場でケガをすると、元請が加入している労災保険からの給付を受けることになります。

労災保険からは、療養補償給付、休業補償給付、障害補償給付、遺族補償給付や各種の特別支給金などが支給されますが、慰謝料などは含まれていません。

労災保険だけでは、民法にもとづく損害賠償には足りないということです。

この不足分を、上積み補償として支払い、円満に補償問題を解決しているケースが多くみられます。

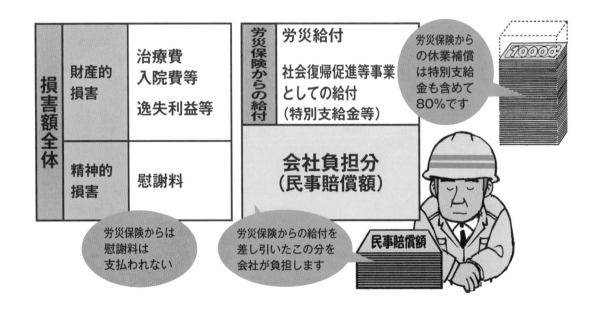

損害賠償金の計算

示談でもっとも重要となる損害賠償金は、次の方法で算出されるのが一般的です。

被災者の損害総額		労災保険からの給付		損害賠償金
財産的損害 治療費、入院費 逸失利益 精神的損害 慰謝料	**－**	労災給付 社会復帰促進等事業	**＝**	示談金として 支払う見込額

被災者の損害総額は、民法を根拠として算出されるもので、財産的損害（逸失利益、治療費・入院費）と精神的損害としての慰謝料があります。

労災保険からの給付は、労災給付と社会復帰促進等事業があります。

2020年4月の民法の改正で、逸失利益を算定する計算の根拠となるライプニッツ係数が約2割増加しましたので、損害賠償金も増加しています（115ページ参照）。

損害総額

労災保険からの給付

損害賠償金として
お支払いいたします

逸失利益とは

逸失利益は、災害がなければ得られたであろう利益、勤労所得のことです。

逸失利益は、損害賠償の計算で、大きなウエイトを占めますので、その計算は適正に行わなければなりません。

勤労所得には、給与所得と事業所得の２つがあります。

給与所得とは、給料、賃金、賞与などの所得です。事業所得とは、事業から生ずる所得です。

職長や作業員などの労働者は給与所得者であり、事業主や一人親方は、事業所得者になります。

作業員の逸失利益を算定する場合は、会社から支払われている賃金に対する源泉徴収票などで確認することでできます。作業員のこの算定で一般的に使用されているのは、労災保険の平均賃金をもとにして計算する方法です。

この場合は、賞与等があればその金額を加算して年収とします。

災害がなければ得られるはずの利益
＝ 逸失所得

年収＝ 源泉徴収票で確認して
　　　算出する

労災保険の平均賃金をもとに算出する方法
平均賃金× 365 日＋賞与等

損害賠償慰謝料基準額

死亡の慰謝料（単位　万円）

	東京三弁護士会	自動車損害賠償責任保険 （限度額）		任意保険（1つの例）	
一家の支柱	2,800	限度額	4,000	一家の支柱	2,000
母親、配偶者	2,500			18歳未満無職	1,500
そのほか	2,000～2,500			高齢者	1,450
				そのほか	1,600

障害の慰謝料（単位　万円）

	東京三弁護士会	自動車損害賠償責任保険 （限度額）		任意保険（1つの例）
障害等級1	2,800	要介護	4,000	1,300
			3,000	
障害等級2	2,370	要介護	3,000	1,120
			2,590	
障害等級3	1,990		2,219	950
障害等級4	1,670		1,889	800
障害等級5	1,400		1,574	700
障害等級6	1,180		1,296	600
障害等級7	1,000		1,051	500
障害等級8	830		819	400
障害等級9	690		616	300
障害等級10	550		461	200
障害等級11	420		331	150
障害等級12	290		224	100
障害等級13	180		139	60
障害等級14	110		75	40

この基準は、事故災害の具体的な内容により増減されるものです。

交通事故で障害1級となった主婦（60歳）に3600万円の慰謝料が認められた。

自動車損害賠償責任保険には、支払い上限額がある。

保険会社が扱っている労災上積み保険などを指します。支払い基準は、会社によって異なります。ここに示すのは、その一例です。

第6章　民事的責任

ライプニッツ係数とは

ライプニッツ係数とは、将来得られる利益を現在価値に引き直すときに用いられる係数です。

労働災害の補償で、逸失利益として今後 30 年間、毎年 500 万円支払うことになった場合、毎年 500 万円を支払うのではなく、一時払いが原則とされています。

この場合、一時払いの金額として、500 万円× 30 年＝ 1 億 5,000 万円という計算方法で支払うと、受け取り側は、受け取った金額を運用して利息などを得ることになり、将来的に受け取る金額は増えるので不公平となります。そこで、受け取り側が運用すれば得られるであろう中間の利息をあらかじめ差し引いて計算することとされています。

このときに用いられるのが、ライプニッツ係数です。

ライプニッツ係数は、年数ごとに計算されたものがありますので、これを活用しています（116、117 ページ参照）。

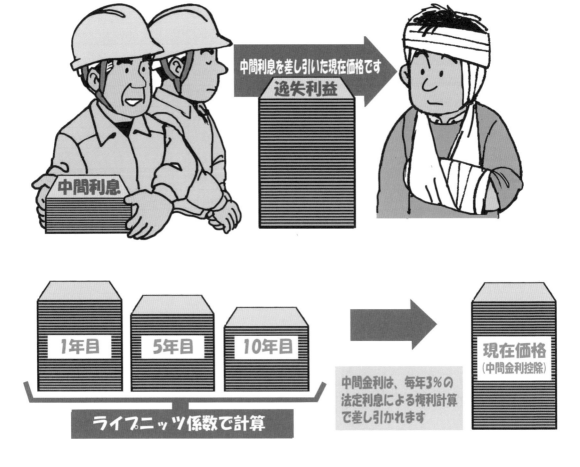

ライプニッツ係数が改められた

民法が改正（2020年4月1日施行）され、法定利率が、5％から3％へ引き下げられたことにより、ライプニッツ係数が変わりました。

これまでは、金利を5％として計算していましたが、これを3％として計算することになりました。

例えば、35歳の作業員が死亡した場合、その逸失利益を計算するために使用するライプニッツ係数は、これまで15.803でしたが、これが今回の改正で20.389に改められました。

この例では、逸失利益が約29％増えたわけです。

ライプニッツ係数の改正で、労災上積み補償額が増加することが見込まれます。

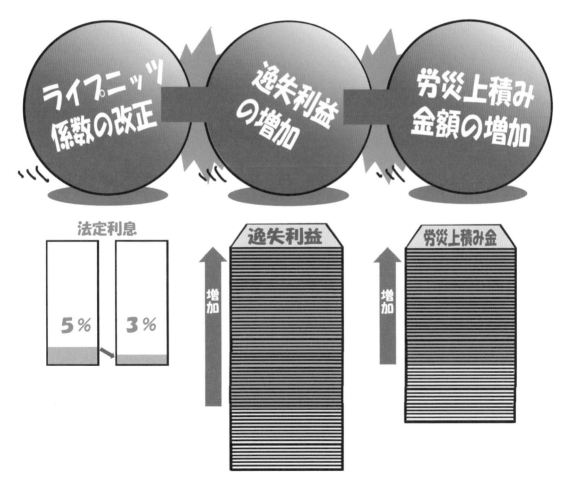

第6章 民事的責任

就労可能年数とライプニッツ係数
（18歳以上の者に適用する表）

年齢	就労可能年数	ライプニッツ係数	年齢	就労可能年数	ライプニッツ係数
歳	年		歳	年	
18	49	25.502	60	12	9.954
19	48	25.267	61	11	9.253
20	47	25.025	62	11	9.253
21	46	24.775	63	10	8.530
22	45	24.519	64	10	8.530
23	44	24.254	65	10	8.530
24	43	23.982	66	9	7.786
25	42	23.701	67	9	7.786
26	41	23.412	68	8	7.020
27	40	23.115	69	8	7.020
28	39	22.808	70	8	7.020
29	38	22.492	71	7	6.230
30	37	22.167	72	7	6.230
31	36	21.832	73	7	6.230
32	35	21.487	74	6	5.417
33	34	21.132	75	6	5.417
34	33	20.766	76	6	5.417
35	32	20.389	77	5	4.580
36	31	20.000	78	5	4.580
37	30	19.600	79	5	4.580
38	29	19.188	80	5	4.580
39	28	18.764	81	4	3.717
40	27	18.327	82	4	3.717
41	26	17.877	83	4	3.717
42	25	17.413	84	4	3.717
43	24	16.936	85	3	2.829
44	23	16.444	86	3	2.829
45	22	15.937	87	3	2.829
46	21	15.415	88	3	2.829
47	20	14.877	89	3	2.829
48	19	14.324	90	3	2.829
49	18	13.754	91	2	1.913
50	17	13.166	92	2	1.913
51	16	12.561	93	2	1.913
52	15	11.938	94	2	1.913
53	14	11.296	95	2	1.913
54	14	11.296	96	2	1.913
55	14	11.296	97	2	1.913
56	13	10.635	98	2	1.913
57	13	10.635	99	2	1.913
58	12	9.954	100	2	1.913
59	12	9.954	101〜	1	0.971

注）18歳未満の有職者および家事従事者ならびに18歳以上の者の場合の就労可能年数については、
（1）52歳未満の者は、67歳とその者の年齢との差に相当する年数とした。
（2）52歳以上の者は、男または女の平均余命のうちいずれか短い平均余命の1/2の年数とし、その年数に1年未満の
　　端数があるときは、これを切り上げた。

就労可能年数とライプニッツ係数
（18 歳未満の者に適用する表）

年齢	幼児・児童・生徒・学生・右欄以外の働く意思と能力を有する者		有職者	
	就労可能年数	ライプニッツ係数	就労可能年数	ライプニッツ係数
歳	年		年	
0	49	14.980	67	28.733
1	49	15.429	66	28.595
2	49	15.892	65	28.453
3	49	16.369	64	28.306
4	49	16.860	63	28.156
5	49	17.365	62	28.000
6	49	17.886	61	27.840
7	49	18.423	60	27.676
8	49	18.976	59	27.506
9	49	19.545	58	27.331
10	49	20.131	57	27.151
11	49	20.735	56	26.965
12	49	21.357	55	26.774
13	49	21.998	54	26.578
14	49	22.658	53	26.375
15	49	23.338	52	26.166
16	49	24.038	51	25.951
17	49	24.759	50	25.730

損害賠償金

指の先端が挟まれた（障害等級 14 級）−その1

災害発生状況・負傷の程度

鉄板の巻き立て作業中、オペレーターが合図もないのに鉄板を降ろしたため、被災者が指を挟まれた。

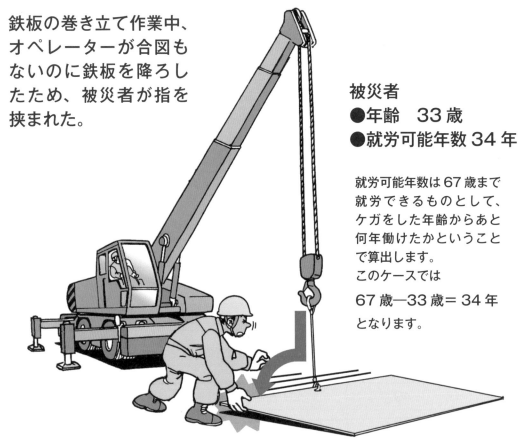

被災者
- ●年齢　33 歳
- ●就労可能年数 34 年

就労可能年数は 67 歳まで就労できるものとして、ケガをした年齢からあと何年働けたかということで算出します。
このケースでは

67 歳—33 歳＝ 34 年

となります。

負傷の程度
- ●中指の指骨を失った（障害等級 14 級）
- ●入院日数　5日　　●通院日数　15 日

労災保険の給付基礎日額　16,000 円
年収計算では 5,840,000 円

損害賠償金

指の先端が挟まれた（障害等級14級）－その2

被災者への上積み損害賠償金

被災者への上積み損害賠償金は、次の金額となります。

上積み損害賠償金＝被災者の損害額（A）－労災保険からの給付（B）

今回のケースでは、約6,670,000円となります。

7,870,544円－1,193,600円＝6,676,944円

被災者の損害額（A）

被災者の損害額

項目	内容	金額・計算式	金額（円）
逸失利益	休業損害	給付基礎日額×休業日数 （16,000円×20日）	320,000
	将来の逸失利益	年収×労働能力喪失率×ライプニッツ係数 （5,840,000 × 0.05 × 21.132） 年収　給付基礎日額×365日　5,840,000円 労働能力喪失率　14級の場合は0.05 就労可能年数　34年 就労可能年数34年に対するライプニッツ係数21.132	6,170,544
慰謝料	休業の慰謝料	金額280,000円　入院1カ月未満・通院1カ月の場合（民事交通事故訴訟における入院・通院慰謝料算定基準による）	280,000
	障害等級14級に対する慰謝料	東京三弁護士会の慰謝料基準による	1,100,000
合計損害額			7,870,544

労災保険からの給付（B）

労災保険からの給付

項目	内容	金額・計算式	金額（円）
労災給付	休業補償給付	給付基礎日額（16,000円）× 60%×（休業日数－3日）	163,200
	障害補償一時金	給付基礎日額（16,000円）× 14級の支給日数（56日）	896,000
労働福祉事業給付	休業特別支給金	給付基礎日額（16,000円）× 20%×（休業日数－3日）	54,400
	障害特別支給金	障害14級に対する障害特別支給金	80,000
合　計			1,193,600

損害賠償金

開口部から墜落（死亡）－その1

災害発生状況・家族関係

開口部の手すりを外して材料を取り込み中、開口部から墜落し死亡した。手すりを外すことについては職長・安責者が黙認していた。

被災者
- 年齢　27歳
- 就労可能年数　40年

就労可能年数は67歳まで就労できるものとして、ケガをした年齢からあと何年働けたかということで算出します。
このケースでは

67歳―27歳＝40年

となります。

- 家族関係
  父（60歳）生計維持関係はなし
  母（59歳）生計維持関係はなし

- 入院日数
  ほぼ即死の状態で入院はなし

今回のケースでは家族に生計維持関係のある者がいなかったので、遺族補償一時金が支払われます。

労災保険の給付基礎日額　16,000円
年収計算では5,840,000円

遺族補償一時金

遺族補償一時金

開口部から墜落（死亡）−その2

遺族への上積み損害賠償金

被災者への上積み損害賠償金は、次の金額となります。

上積み損害賠償金＝被災者の損害額（A）−労災保険からの給付（B）

今回のケースでは、約 69,500,000 円となります。

計算式 89,495,800 円− 19,960,000 円＝ 69,535,800 円

被災者の損害額（A）

被災者の損害額

項目	内容	金額・計算式	金額（円）
逸失利益	休業損害	給付基礎日額×休業日数 休業日数（0日）	0
	将来の逸失利益	年収×（100 −生活費控除率）%×ライプニッツ係数 『5,840,000 ×（100 − 50）%× 23.115』 年収　給付基礎日額× 365 日　5,840,000 円 就労可能年数　40 年（67 歳− 27 歳） 就労可能年数 40 年に対するライプニッツ係数 23.115	67,495,800
	葬祭料	被災者の所属会社で負担	0
慰謝料	死亡に対する慰謝料	東京三弁護士会の慰謝料基準による	22,000,000
	休業の慰謝料	休業日数（0日）	0
合計損害額			89,495,800

労災保険からの給付（B）

労災保険からの給付

項目	内容	金額・計算式	金額（円）
労災給付	休業補償給付金	給付基礎日額× 60%×（休業日数− 3 日） 休業日数（0日）	0
	遺族補償一時金	給付基礎日額×死亡の支給日数（1,000 日）	16,000,000
	葬祭料	給付基礎日額× 60 日　または 給付基礎日額× 30 日＋ 315,000 円　のいずれか高い方	960,000
労働福祉事業給付	休業特別支給金	給付基礎日額× 20%×（休業日数− 3 日） 休業日数（0日）	0
	遺族特別一時金	死亡に対する遺族特別支給金	3,000,000
合　計			19,960,000

損害賠償の過失相殺

労働災害の発生について被災者に過失がある場合は、その過失割合に応じて、損害賠償金額を減額することになります。これが過失相殺といわれるものです。
被災者に過失がなければ100%の損害賠償額を支払うことになりますが、被災者に過失があった場合は、その過失分を差し引いて支払うというものです。

過失相殺の例として、
水道管埋設工事に従事中、旋回してきたバックホウに腰部を打たれて負傷した作業員の損害賠償について、「被災者は、バックホウの旋回範囲には入らないように注意を受けていたにもかかわらず、旋回内へ入った」として35%の過失相殺が認められたものがあります。
示談交渉の場で過失相殺を持ち出すときは、慎重な判断が求められます。被災者としては、過失を認めたくない心情が働き、交渉がこじれてしまうこともあります。

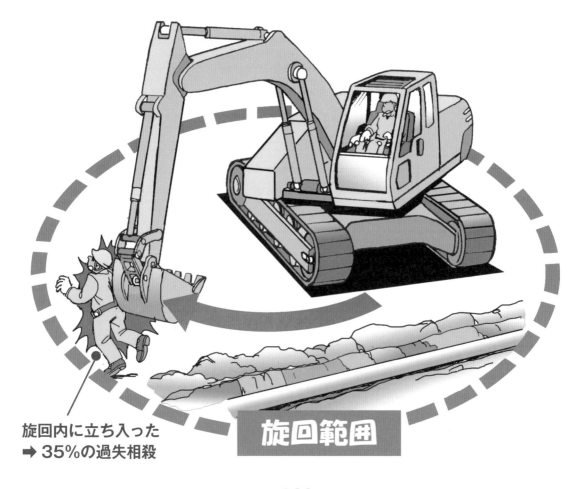

旋回内に立ち入った
➡ 35%の過失相殺

旋回範囲

労災の交通事故では労災と自賠責はどちらが先か

工事現場の死亡災害でもっと多いのは、墜落・転落災害ですが、交通事故も多く発生しています。これは、工事現場と協力会社の事務所間での通行で発生した車両事故は、すべて工事現場の労災事故として処理されることが大きな要因となっています。

労災扱いとされた交通事故で第三者との間で発生したものについては、被災労働者または遺族は、労災保険と自動車損害賠償責任共済保険（自賠責）の双方から給付を受けることができます。

しかし、自賠責からの給付と労災からの給付を満額受け取るとすれば、1つの事故を理由として、逸失利益を二重に受領することになり、不公平が生じます。

そこで、自賠責と労災保険において決められた金額をそれぞれ全額受領するのではなく、先に受領した補償金額にもとづいて、後に支給される補償金額を減額することにより調整されます。

労災保険と自賠責のどちらを先に請求するかについては、原則は自由とされています。

実情は、「給付事務の円滑化をはかるため、原則として自賠責保険の支払いを労災保険の給付に先行させるよう取り扱うこと」という労働基準局長通達が出されていること、自賠責においては仮渡金制度があるため支払いが事実上速やかに行われること、慰謝料が支払われることなどから、自賠責の支払いを優先しているケースが多くみられます。

自賠責の支払いを優先し、次に労災か…！

第6章 民事的責任

示談とは

示談とは、「民事上の紛争を裁判によらず、当事者間で解決すること」です。

労働災害の場合は、ほとんどが示談で解決されており、裁判にまでいたるケースは少ないです。

示談をするときに心得ておくことは、①誠意をもってあたる、②出し惜しみはしないことです。

①誠意をもってあたる

　労働災害が発生したことを真摯に受け止め、被災者あるいは遺族の立場に立って、誠実に対応することが重要です。

　被災者側の言い分に耳を傾け、何を望まれているのかしっかり受け止めることです。

　誠意を示し、信頼関係を築かないと前には進めません。

②出し惜しみしない

　示談金を安くしようなどと考えないことです。労働災害の示談金は、作業員の身体の障害や命を金に換えて補償するものであるという性質から、出せるものはすべて出すことです。小出しに金額を出していくような、姑息なことはしないことです。

示談の進め方

示談には、決まった進め方のルールはありません。
示談は、急ぐようなことはしないで、時間をかけて、じっくり被災者側の言い分を聞いて進めることです。
示談の大きな流れは、次のとおりです。

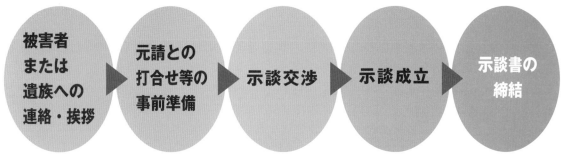

被災者や遺族への連絡、挨拶は、被災者を雇用していた協力会社が行うのがよいでしょう。被災者にとっては、最も関係の深かった人が交渉の窓口になってくれるのは、安心感を与えることになります。
元請会社との事前打合せは重要です。①災害発生状況、②災害原因、③誰に・どんな責任があるのか、④労災上積み保険への加入状況などについて、納得が得られるよう打合せをしましょう。
示談交渉では、まず、労災保険からの給付を時期や金額を含めわかりやすく説明することです。労災保険からの給付について納得を得られてから、労災保険給付を除いた損害賠償額について説明するとよいでしょう。死亡災害の場合は、厚生年金や国民年金からの給付についても説明しておくことです。

まずは被災者家族
への連絡・挨拶 ▶ 誠心誠意の謝罪と
出し惜しみしない示談交渉 ▶ 示談書の締結

第6章 民事的責任

未成年者との示談

民法では、18歳未満の者を未成年者といいます。

未成年者と示談をして、すべて解決したと思っていると、後から「示談は取り消します」ということになることがあります。

未成年者の両親の婚姻関係が継続している場合には、法定代理人は両親ということになります。

示談の場合、未成年者と示談をし、両親の同意をとる場合もありますが、法定代理人である両親と示談交渉を進めることが多いです。

両親がいない場合は、未成年後見人を選任してもらい交渉することになります。

示談金は誰が負担するのか

示談金は、民法の改正（2020 年 4 月）により法定金利が 3 ％に下げられたことにより、相当高くなることが見込まれます。

示談金は、原則として労働災害の被災者を雇用していた協力会社が負担することになりますが、示談の金額は相当多額となるので、とても 1 社では負担できません。

一般的には、元請会社が中心となり、その労働災害に関係した会社が協議し、負担割合を決めることになります。

各社が加入している労災上積み保険からの給付金が多い場合は、協議は円滑に進みますが、給付金が少ない場合は、実負担額が大きくなるので、協議が難航するときもあります。

127

示談書（障害の事例）

示談書（障害事例）

　○○○○（以下、甲という）と株式会社○○（以下、乙という）と○○株式会社（以下、丙という）とは、下記Ⅰの労働災害について、下記Ⅱの条項によって示談し、円満に解決した。

Ⅰ．労働災害（以下、本件事故という）の概要

　　　　　　災害発生日時　　　令和○○年○月○日　午後○時○○分頃
　　　　　　災害発生場所　　　東京都港区○○　○○ビル建設工事（以下、本件工事という）現場内
　　　　　　災害発生状況　　　丙が乙から請負い、甲が丙の労働者として従事した３階天井部分のボード貼り作業現場において、甲が作業中に作業台より転落負傷したもの
　　　　　　被災者病状状況　　左足骨折、左腕脱臼により令和○○年○月○日から令和○○年○月○日まで入通院し、令和○○年○月○日に症状が固定、労働者災害補償保険法別表○級相当の後遺障害認定を受けている。

Ⅱ．示談内容

　　1．乙と丙は連帯して甲に対し、本件事故につき慰謝料を含む一切の損害賠償金として、労働者災害補償保険法に基づく保険給付金のほか金○○○○○○○○円を支払う。

　　2．乙と丙は、前項の金員を令和○○年○月○日限り下記、甲名義の銀行口座に振込送金する方法により支払うものとする。
　　　　〔銀行口座の表示　○○銀行○○支店　普通　口座番号　○○○○○〕

　　3．甲、乙、および丙は、本示談書に定めるもののほか何らの債権債務の無いことを確認し、今後本件事故に関し、甲は乙、丙、およびその従業員、本件工事の発注者、その他工事関係者に対し一切の異議申立て、賠償その他の請求、訴え等を行わないことを確約する。

　本示談成立の証として本書３通を作成し、甲、乙、および丙がそれぞれ署名捺印のうえ、各自１通を保有する。

令和　年　月　日

　　　　　　　　　　　　　　　　　甲　住所
　　　　　　　　　　　　　　　　　　　氏名　　　　　　　　　　　㊞

　　　　　　　　　　　　　　　　　乙　住所
　　　　　　　　　　　　　　　　　　　氏名　　　　　　　　　　　㊞

　　　　　　　　　　　　　　　　　丙　住所
　　　　　　　　　　　　　　　　　　　氏名　　　　　　　　　　　㊞

示談書（死亡の事例）

示談書（死亡事例）

　被災者○○○○の妻○○を甲とし、長男○○（法定代理人親権者母○○）を乙とし、株式会社○○を丙とし、○○株式会社を丁とし、下記Ⅰの労働災害について、下記Ⅱの条項によって示談し、円満に解決した。

Ⅰ．労働災害（以下、本件事故という）の概要

　　災害発生日時　　令和○○年○月○日　午後○時○○分頃

　　災害発生場所　　東京都港区○○　○○ビル建設工事（以下、本件工事という）現場内

　　災害発生状況　　丁が丙から請負い、被災者が丁の労働者として従事した8階鉄筋組立作業現場において、被災者が作業中に20ｍ墜落し死亡したもの

Ⅱ．示談内容

　1．丙と丁は連帯して甲と乙（以下、甲らという）に対し、本件事故につき慰謝料を含む一切の損害賠償金として、労働者災害補償保険法に基づく保険給付金のほか金○○○○○○○○○円を支払う。

　2．丙と丁は、前項の金員を令和○○年○月○日限り、以下の甲名義の銀行口座に振込送金する方法により支払うものとする。

　　〔銀行口座の表示　○○銀行○○支店　普通　口座番号○○○○
　　口座名義人○○○○〕

　3．前2項に記載の示談金の甲らにおける配分は、甲らの責任において行うものとし、丙と丁はこれに何ら異議等を述べないものとする。

　4．甲、乙、丙および丁は、本示談書に定めるもののほか何らの債権債務の無いことを確認し、今後本件事故に関し、甲および乙は丙、丁およびその従業員、本件工事の発注者、その他工事関係者に対し一切の異議申立て、賠償その他の請求、訴え等を行わないことを確約する。

第6章　民事的責任

5. 万一将来、被災者、もしくは甲らと何らかの関係を有する者から、本件事故ならびに本示談に関し、異議申立て、請求等があった場合には、甲らの責任において解決し、甲らは丙、丁およびその従業員、本件工事の発注者、その他工事関係者に対し一切迷惑・負担をかけないことを確約する。

　本示談成立の証として本書4通を作成し、甲、乙、丙および丁がそれぞれ署名捺印のうえ、各自1通を保有する。

令和○○年○月○日
　　　　　　　　甲　　　　住所
　　　　　　　　　　　　　氏名　　　　　　　　　　　　　　　㊞

　　　　　　　　乙　　　　住所
　　　　　　　　　　　　　氏名　　　　　　　　　　　　　　　㊞

　　　　　　　（乙法定代理人親権者）
　　　　　　　　　　　　　母　　　　　　　　　　　　　　　　㊞

　　　　　　　　丙　　　　住所
　　　　　　　　　　　　　氏名　　　　　　　　　　　　　　　㊞

　　　　　　　　丁　　　　住所
　　　　　　　　　　　　　氏名　　　　　　　　　　　　　　　㊞

　　　　　　　　立会人　　住所
　　　　　　　　　　　　　氏名　　　　　　　　　　　　　　　㊞

一人親方とは

一人親方とは、「労働者を使用しないで事業を行う者」をいいます。

また、一人親方等とは、「一人親方に加えて、中小事業主、役員、家族従事者を含めた者」をいいます。

最近よくいわれるフリーランスとは、「実店舗がなく、雇人もいない自営業主や一人社長であって、自身の経験や知識、スキルを活用して収入を得る者」とされています。

（フリーランスとして安心して働ける環境を整備するためのガイドライン 2021 年（令和 3 年）3 月 26 日
内閣官房、公正取引委員会、中小企業庁、厚生労働省）

一人親方は、今風にいえば、フリーランスということになります。

第6章 民事的責任

一人親方と労働者

建設現場では、労働災害が発生したときに、「一人親方」か「労働者」なのかということが大きな問題となります。

一人親方であれば、事業主として扱われますので、労災の支給対象外となります。一方、労働者であれば当然、労災の支給対象となります。

一人親方と労働者の区別は、微妙なところがあり、実態を精査しなければ判断できないことが多いです。

労働者とは、「職業の種類を問わず、事業または事務所に使用される者で、賃金を支払われる者をいう」（労働基準法第9条）とされています。

一人親方か労働者かの判断は、「使用されているのか」、「賃金が支払われているか」で判断するのですが、実態は、この判断が難しいケースが多くあります。

一人親方か労働者かの判断は、次の基準でなされています。

①仕事の依頼、業務従事の指示等に対する許諾の自由の有無　②業務遂行上の指揮監督の有無　③勤務場所、勤務時間の拘束性の有無　④代替性の有無　⑤報酬の算定・支払方法　⑥機械・器具の負担関係　⑦報酬の額　⑧専属性の程度

一人親方の判断基準

代替性の有無

報酬の算定・支払方法

業務遂行上の指揮監督の有無

一人親方

仕事の依頼、業務従事の指示等に対する許諾の自由の有無

勤務場所、勤務時間の拘束性の有無

機械・器具の負担関係

報酬の額

労災の支給対象外
（特別加入者を除く）

専属性の程度

労働者

労災の支給対象

一人親方の判断チェック表

現在働いている一人親方が、「一人親方」に近いか「労働者」に近いかを判断するためのチェック表です。右に〇が多い場合は、一人親方性が強く、左に〇が多い場合は、労働者性が強くなります。

質問	労働者性		一人親方性	
一人親方へ急な仕事を依頼した時は、親方は断ることができますか？	( )	断ることはできない	( )	断ることができる
一人親方の仕事が早く終わった時などに予定外の仕事を依頼した場合、親方は断ることができますか？	( )	断ることはできない	( )	断ることができる
一人親方の仕事の就業時間（始業・終業）は貴社が決めていますか？	( )	決めている	( )	決めていない
当日の仕事が早く終わった時、一人親方が仕事から上がるには貴社の了解が必要ですか？	( )	必要である	( )	必要でない
一人親方の都合が悪くなり、代わりの者が必要となった場合はどのように対応していますか？	( )	貴社が代わりの者を探す	( )	一人親方が自分の判断で代わりの者を探す
一人親方が仕事で使う機械・器具（手元工具を除く）は誰が提供していますか？	( )	貴社が提供する	( )	一人親方が持ち込む
一人親方が仕事で使う材料は誰が提供していますか？	( )	貴社が提供する	( )	すべて一人親方が調達する
一人親方の報酬（工事代金または賃金）はどのように決められていますか？	( )	1日当たりの単価など働いた時間による	( )	工事の出来高見合い

第6章 民事的責任

一人親方の死亡災害

建設業の一人親方の死亡災害は、最近5年間を平均すると、年間で52人となっています。一方建設で働く一人親方は、約51万人と推計されていますので、1年間の10万人当たりの死亡者数は、10人を少し超えています。

建設業の労働者の1年間の死亡者数は、10万人当たり7人にまで減少してきていますので、一人親方の死亡災害は多いといえます。

2022年度の一人親方の死亡災害の発生状況は、次のとおりです。死亡災害件数は36人と過去数年と比べて少ないものとなっています。

業種別の死亡者では、木造家屋建築工事（12人）、その他の建築工事（11人）が特に多くなっています。土木工事は3人で少なくなっています。

年齢別では、50代11人、60代7人、70代4人と年齢の高い層が多くなっています。

一人親方の業種別死亡災害（2022）

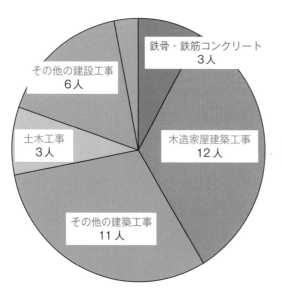

一人親方等の年代別死亡災害（2022）

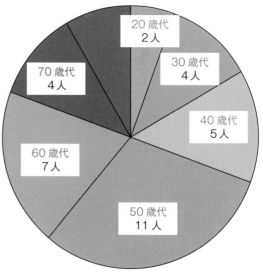

災害の型別では、墜落が26人と圧倒的に多くなっており、72%を占めています。フルハーネスの使用が進み、墜落死亡災害が減少することが待たれます。

墜落した作業場所は、はしご等が8人、足場が6人、屋根・はり等が5人となっています。

一人親方の型別死亡災害（2022）

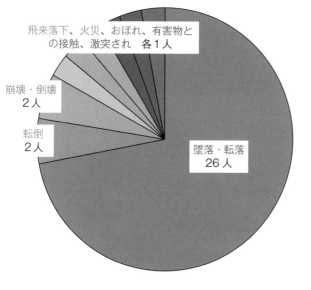

飛来落下、火災、おぼれ、有害物との接触、激突され　各1人

崩壊・倒壊
2人

転倒
2人

墜落・転落
26人

一人親方等の墜落・転落災害での作業場所別死亡災害（2022）

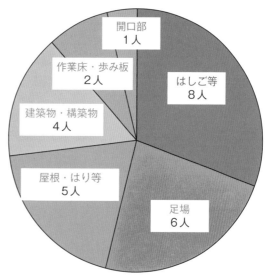

開口部
1人

作業床・歩み板
2人

はしご等
8人

建築物・構築物
4人

屋根・はり等
5人

足場
6人

元請と下請施工の死亡者の割合は、下請施工の方が多く23人、元請施工は3人と少なくなっています。

労災特別加入の割合では、加入者28人に対して、未加入者は8人となっており、未加入者の割合は22%となっています。

一人親方の元請・下請け施工別死亡災害（2022）

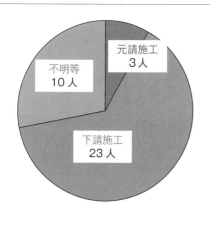

不明等
10人

元請施工
3人

下請施工
23人

死亡した一人親方の労災保険特別加入割合（2022）

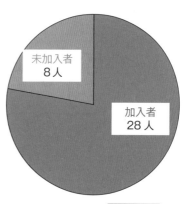

未加入者
8人

加入者
28人

一人親方が開口部から墜落し、重傷となった場合の損害賠償は

内装工事を請け負っていた一人親方のＤさんが、作業場所に向かう途中、フタのない開口部から墜落して重傷を負った。

Ｄさんは、１次協力会社のＹ社から、一人親方として内装工事の仕事を請け負っていました。Ｙ社は、元請会社のＸ社から内装工事全般を請け負っており、職長も常駐させていました。

この墜落災害については、Ｄさんが一人親方ということで、元請が入っている労災保険からの給付はありません。また、Ｄさんが労災保険の特別加入をしていませんでしたので、労災保険からの給付はゼロということになりました。

損害賠償金は、元請Ｘ社と１次協力会社Ｙ社で負担することになりますが、このケースでは、損害賠償額は相当な金額になると見込まれます。

一人親方への損害賠償は元請と協力会社の協議の上で負担する

労災保険の特別加入

一人親方等（一人親方に加えて、中小企業事業主、役員、家族従事者を含めた者）を対象とした労災保険の特別加入制度があります。

1　特別加入の範囲

特別加入できる者の範囲は、①中小事業者、②一人親方、③農業などの特定作業従事者、④海外派遣者の４種に大別されます。

常時300人以下の労働者を使用する中小事業主およびその事業に従事する者（代表者以外の役員、労働者を除く）をいう。

建設事業を行う大工、左官、とびなどの一人親方、その他の自営業者とその家族、従事者をいう。常態として労働者を使わないものに限られる。

2　特別加入の仕方

特別加入は、団体加入の方式によります。

一人親方は、一人親方等の団体として承認された団体（協同組合など）へ申し込めば加入できます。

中小事業主は、労働保険事務組合を通じて申し込めば加入できます。

第6章　民事的責任

3　補償の対象となる範囲

一人親方が請負契約をしている工事を施工する場合、建設工事現場で行うものはもちろん、自家内の作業場において行う作業も給付対象となります。

請負工事にかかる機械および製品を運搬する作業ならびにこれに付帯する作業も給付対象となります。

通勤災害については、工事現場で働く作業員と同様の保険給付が受けられます。

4　給付基礎日額

労災保険の給付額を算定する基礎となる「給付基礎日額」は、特別加入する一人親方が、自分の所得水準を考えて決めます。

遺族補償給付、障害補償給付、休業補償給付などは、この「給付基礎日額」で計算されますので、低い金額で加入していた場合、重傷災害となったときは、十分な給付を得られないことになります。給付基礎日額は、自身の所得水準にみあう、適正な額としてください。

5　保険料

一人親方の保険料は、保険料算定基礎額（給付基礎日額の365日分）をもとに定められています。

保険料は、次の計算式で計算されます。

保険料＝保険料算定基礎額×保険料率（建設事業は18/1,000）

表　給付基礎日額・保険料一覧

給付基礎日額 A	保険料算定基礎額 B＝A×365	年間保険料 年間保険料＝保険料算定基礎額（注）×保険料率	
		（例1）建設の事業の場合 保険料率18/1000	（例2）個人タクシー事業の場合 保険料率12/1000
25,000円	9,125,000円	164,250円	109,500円
24,000円	8,760,000円	157,680円	105,120円
22,000円	8,030,000円	144,540円	96,360円
20,000円	7,300,000円	131,400円	87,600円
18,000円	6,570,000円	118,260円	78,840円
16,000円	5,840,000円	105,120円	70,080円
14,000円	5,110,000円	91,980円	61,320円
12,000円	4,380,000円	78,840円	52,560円
10,000円	3,650,000円	65,700円	43,800円
9,000円	3,285,000円	59,130円	39,420円
8,000円	2,920,000円	52,560円	35,040円
7,000円	2,555,000円	45,990円	30,660円
6,000円	2,190,000円	39,420円	26,280円
5,000円	1,825,000円	32,850円	21,900円
4,000円	1,460,000円	26,280円	17,520円
3,500円	1,277,500円	22,986円	15,324円

（注）特別加入者全員の保険料算定基礎額を合計した額に千円未満の端数が生じるときは端数切り捨てとなります。

専務取締役が工事現場で重傷を負った場合、労災給付と損害賠償はどうなるのか

工事現場には、協力会社の店社から「役員」の肩書を持った人たちが、仕事の進ちょく具合を見に来たり、打合せに来たりします。

このような人たちが、工事現場で重傷災害を発生させた場合、労災給付と損害賠償は、どうなるのでしょうか。

次のような事例が発生しました。

左官の協力会社の専務取締役のＡさんは、元請からの品質についての苦情を処理するために工事現場に出向いたが、詰所に職長が見当たらなかったため、直接作業場所に出向いた。途中に解体中の足場があったが、立入禁止措置を乗り越えて解体途中の足場板に乗って墜落し、重傷を負った。

労災保険の対象となるか

労災保険からの給付対象となるか・ならないかは、「労働者性」と「業務上災害」の2つの要件で判断されます。

労働者とは、労働基準法で「職業の種類を問わず、事業又は事務所に使用される者で、賃金を支払われる者をいう」とされています。つまり労働者とは、"使用者との使用従属関係の下に労務を提供し、その対償として使用者から賃金の支払いを受ける者"ということになります。

Ａさんは、社長の下で、工事の統括管理にあたっており、工事の施工については全面的に任されていました。また、給料も職長よりも相当高い金額を受け取っていました。

このため、Ａさんの労働者性が認められず、工事現場の労災保険からの給付は出ませんでした。

また、経営者か労働者かの判断基準としては、次の項目があります。

　　①業務内容
　　②指揮命令（自分の裁量で、配下の従業員を指揮監督しているか）
　　③報酬（作業員と比べて、経営者とみなすにふさわしい賃金か）
　　④経営者との親族関係
　　⑤出資状況

経営者とみなされた場合は、労災保険の給付対象から除かれることになります。

損害賠償

経営者が工事現場に工事にかかわる要件で立ち入り、重傷災害などにあった場合、損害賠償の対象となるでしょうか。

今回のＡさんのケースのように、立入禁止措置のある所へ無断で立ち入りしたような法令違反の行為のように、本人に重大な過失がある場合は、損害賠償の対象外になると考えられますが、災害原因として「不法行為責任」や「土地の工作物責任」を問われるような場合には、その責任の内容に応じた損害賠償がなされることになります。

協力会社は、経営者が事故や災害にあう場合のことを想定して、労災保険の特別加入（中小事業主）あるいは損害保険会社等の上積み補償に加入しておくことです。

経営者が事故・災害に
あう場合を想定して

不法就労者の工事現場での死亡災害についての損害賠償

不法就労の外国人でも、日本国内で就労していれば、国籍を問わず、労働基準法、労働安全衛生法および労働者災害補償保険法などの法の保護の対象となります。

したがって、不法就労の外国人労働者であっても、就労中の災害であれば労災給付の対象となります。

損害賠償については、事業主側に不法行為などがあった場合は、損害賠償をすることになります。不法就労者ということで、損害賠償をしなくてよいということにはなりません。

損害賠償額の算定については、不法就労者の場合は、収入金額の算定など難しいことが多くありますので、弁護士などに相談するとよいでしょう。

不法就労外国人作業員

この手すりは、職長の指揮のもとで同僚作業員によって取り付けられていたが、乱雑な取り付けだった。

困ったことになったぞ

職長

事業主

弁護士に相談だ！

手すりが外れ墜落

第7章　社会的責任

企業は、その活動をするにあたって、おのずから社会に対する責任が発生します。
建設業は、生産の場が社会の目にさらされていますので、日常の生産活動においても企業の社会的責任をはたすことは、非常に大事です。
社会的責任については、CSR（企業の社会的責任）とSDGs（持続可能な開発目標）で要求されている企業の責任についてよく理解する必要があります。

企業の社会的責任（CSR）とSDGs

CSR（企業の社会的責任）は、欧州で提言され、世界的な共感を得て普及している考え方で、わが国でも広く取り入れられています。

最近では、2015年に国連サミットで採択されたSDGs（持続可能な開発目標）を企業の責任ととらえて取り組む企業が増えています。

事業者は企業の社会的責任をはたし、企業が持続的に発展することを心掛けることです。

CSR（企業の社会的責任）

企業は、活動するにあたって、社会的公正や環境などを配慮し、従業員、投資家、地域社会などの利害関係者に対して責任ある行動をとるとともに、説明責任をはたすことが求められます。

こうした考え方を、CSR（企業の社会的責任）といい、わが国でも本格的な取組みが進んでいます。

CSR（企業の社会的責任）は、欧州で提案され世界に普及したものです。わが国では、「法令を順守しよう」という取組みから始められました。

Corporate　（企業）
Sosial　　　（社会的）
Responsibility（責任）

従業員の安全・健康とCSR（企業の社会的責任）

労働分野のCSR（企業の社会的責任）では、従業員の安全と健康への配慮が重要項目です。

従業員の企業に対する満足度、信頼度を高め、就業意欲の向上をはかるためには、従業員の安全と健康を守りぬくことが大切です。

重大な労働災害で企業の社会的責任を問われ、信頼と信用をおとしめないよう、全力で取り組む。

企業の社会的責任では従業員の安全と健康への配慮は重要項目です。

近江商人の三方よし

江戸時代にCSR（企業の社会的責任）と同じような考えで商売をしていたのが、近江商人です。
彼らは、社会から信用を得るために「買い手よし　売り手よし　世間よし」という「三方よし」の精神を大切にしていました。

三方よし！

世間よし！

買い手よし！

売り手よし！

商いは、自らの利益だけでなく、買い手（お客様）にも、世の中にとっても良いものであるべき…というのが近江商人の精神

第7章 社会的責任

SDGs とは持続可能な開発目標

SDGs は、持続可能な開発目標のことです。

SDGs（持続可能な開発目標）は、2015 年 8 月の国連サミットで採択された「持続可能な開発のための 2030 アジェンダ」に記載された、2030 年までに持続可能で、よりよい世界を目指す国際目標です。

17 のゴール・169 のターゲットから構成され、世界の社会・経済・環境のあらゆる課題をまとまりのある一体とするための目標です。

条約のように、国連加盟国を法的に縛るものでなく、先進国、新興国、途上国がともに取り組むものであり、実現にあたっては、「誰一人取り残さない」ことをうたっています。

SDGs（持続可能な開発目標）に取り組む企業は、年々増えています。

企業

みんなで取り組んでいこう！

17のゴール
169のターゲット

SDGs

Sustainable Development Goals

持続可能な開発目標のこと

もう地球はもたない

SDGs（持続可能な開発目標）の目的は、世界を「持続可能な開発」の軌道へと戻すことです。つまり、「将来世代のニーズを満たす能力を損なうことなく、現在のニーズを満たすような開発」の軌道へ戻すことです。

具体的には、現代の人類社会が地球の再生能力の 1.67 倍を消費しているのを、地球1個分に戻すため、資源消費量を減らし、地球への負荷を軽減します。

また、世界・地域・国レベルでの貧困と格差を減らして、より多くの人が満足できる効率的な経済・社会システムへの変容を求めています。

建設業でも、仮設材やコンクリートの再利用など工事現場のゼロエミッションに取り組んでいます。

それぞれの企業が、「地球にこれ以上負荷をかけない」という覚悟で、資源消費量の削減に取り組んでいくことです。

建設業でも、コンクリートの再利用など、工事現場のゼロエミッションを進め、2030 年には元の1倍になるようゴールを目指します！

SDGs（持続可能な開発目標）の17のゴール

SDGs（持続可能な開発目標）が2030年にめざすゴールは、17あります。

そのうち、8番目に掲げられている目標は、事業主として特に、心得ておくべきものです。目標8は、次のとおりです。

「すべての人々のための包括的かつ持続的な経済成長、雇用および社会に許容される仕事を推進する」

ここでは、主なものとして、

①若者や障害がある人たち、男性も女性も、生きがいのある人間らしい仕事ができるようにする。そして、同じ仕事に対しては、同じだけの給料が支払われるようにする。

②他の国に移住して働いている人、なかでも女性、仕事を続けられるか不安定な状況で働いている人たちを含めた、すべての働く人の権利を守って、安全に安心して働くことができる環境整備を進めていく。

があげられています。

事業者は、生きがいや安全・安心な労働環境づくりを心掛けてください。

SDGs（持続可能な開発目標）の8番目のゴールの主なもの

若者や障害がある人たち、男性も女性も、生きがいのある人間らしい仕事ができるようにする。そして、同一労働、同一賃金。

安全・安心な労働環境を促進

第8章 事業者責任をはたすために 事業主と職長・安責者がなすべきこと

事業者と職長・安責者は、「事業者責任」をよく理解したうえで、それぞれの立場でこの責任をはたしてください。

職長・安責者は、工事現場においては、自社の事業者責任をすべてはたす立場にいることを常に考えて工事を進めてください。

職長の立場を理解して
見守り、
サポートする

事業者責任を
はたす

事業者責任をはたすために事業主と安責者がなすべきこと

①会社の方針を決めて、職長・安責者と作業員に周知する。
②取り組むべき安全衛生施策を決めて、職長・安責者とともに実行する。

①会社の方針や安全衛生施策の立案に参加して、職長・安責者の立場から意見や要望を述べる。
②工事現場の事業者責任の実行者としてなすべきことを実行する。

事業主の
なすべきこと

職長・安責者の
なすべきこと

事業主としての会社の方針を示す

① 4つの事業者責任をはたすために「安全」を基本に置いて業務を進める。

② リスクアセスメントを理解し、経営トップとしてリスクアセスメントの手法を活用した安全衛生管理を進める。

③ 安全衛生管理は、元請から言われてからやるのではなく、自社のため、自社の作業員のために行うということを明確に打ち出す。

④ 配下の協力会社を親身になって指導・援助する。
　◎ 配下の事業主をパトロールに同行させる。
　◎ 作業手順書の作成を指導する。
　◎ 送り出し教育を応援する。

事業主として取り組む安全衛生施策

① 自主的な安全衛生管理
　ができる組織をつくる。

② リスクアセスメントを職長・
　安責者に理解させ、安全衛生
　の推進の基本にすえる。

③ 「年度安全衛生計画」を
　作成し、工事現場へ周知
　して実行する。

④ 毎月1回以上事業主安全
　衛生パトロールを行う。

⑤安全衛生教育を実施する。

雇入れ教育　　　送り出し教育　　　新規入場者教育

⑥重点災害防止対策をすすめる。
　◎墜落・転落災害の防止
　◎機械災害の防止
　◎崩落・倒壊災害の防止
　◎第三者災害の防止

⑦健康診断を行う。
　◎一般の健康診断
　　雇入れ時の健康診断
　　定期健康診断
　　特殊業務従事者の健康診断
　◎特殊健康診断

⑧快適職場を目指す。
　◎コミュニケーション
　　のよい明るい現場
　◎くつろぎのある現場

155

職長・安責者が事業者責任の実行者としてなすべきこと

①リスクアセスメントをよく理解して、先取りの安全衛生管理をすすめる。

◎工事現場の安全衛生管理計画にリスクアセスメントを取り入れる。

◎リスクアセスメント作業手順書を作成し、作業員に周知のうえ守らせる。

◎作業内容変更時には、リスクアセスメント作業手順書を見直し、修正のうえ作業員に周知する。

②作業員の適正配置を心掛ける。

◎安全に作業させるには、適正配置をする。

◎作業の種類・条件・期間・環境などの特性を把握し、作業員の知識・技能・経験・資格・健康などの特性を考慮したうえで、この2つの特性の一番良い組み合わせを見つけ出す。

③作業員の教育訓練を行う。

死亡災害のうち、工事現場に来たその日のうちに被災する割合は20～30％になっていて「知らない・わからない」ために多くの作業員がケガをしたり、死亡したりしています。作業員に必要な知識と技能を教えることが重要です。

④安全ルールは数を絞ったうえで、必ず100%守らせる。

作業員にルールとして
多くのことを要求する
と「こんなに多くは守
れない」と、あきらめ
られてしまいます。
安全ルールは、3～5
つに絞って、必ず守ら
せましょう。

⑤保護具は必ず使用させる。

建設現場では、高さ5mを超える作業床のないところでは、フルハーネス
安全帯の使用が義務づけられました。
自分の安全と健康を守るために、保護具は必ず使用させましょう。

粉じん作業や有機溶剤作業
では、すぐにじん肺などの
症状が出ないため適正に保
護具が使用されないことが
あります。健康と命を守る
ため、これらの作業では必
ず適正なマスクを使用させ
ましょう。

⑥不安全行動は見逃さない。

不安全行動は危険なことをわかりながら
少しの利益と引き換えに自分自身を危険
にさらすことです。危険と感じたら作業
をいったん止めて、安全が確保できる方
法に切り替えて作業を再開しましょう。
危険な作業は見逃さず止めさせることです。

第8章　事業者責任をはたすために
事業主と職長・安責者がなすべきこと

⑦点検を行う。

　点検は、使用する機械や設備に危険性・有害性がないか確認する作業です。安全帯のフックをパイプにかけていたのに、墜落時にパイプが外れて役に立たなかったという事例が発生しています。命を預ける機械・設備は使用前に必ず点検しましょう。

◎定期点検
◎作業開始前点検
◎作業終了時点検
◎臨時の点検
　（悪天候の前後など）
◎機械持ち込み時の点検

パイプのクランプ締めが甘かった

⑧作業員の安全を守るために安全活動を必ず行う。

参考文献

1　「労働災害と企業の刑事責任」安西 愈／労働調査会

2　「送検事例と労働災害　平成 19 年版」労働調査会

3　「労働安全衛生広報別冊『安衛法違反による送検事例と災害動向～建設・屋外作業編』」労働調査会

4　「建設労働災害と企業の４大責任　改訂版」建設労務安全研究会／労働調査会

5　「送検事例と労働災害　第１集」労働調査会

6　「建設業における知って得する示談の進め方」建設安全研究会／労働新聞社

7　「みんなで進める一人親方の保険加入」国土交通省

8　「ＳＤＧｓとは」外務省

9　「ＳＤＧｓクラブ」日本ユニセフ協会（ユニセフ日本委員会）

著者プロフィール

林 利成（はやし　としなり）

　東京安全研究所所長。建設労務安全研究会の理事長をはじめ業界団体の安全衛生委員会の委員長を長年にわたり歴任して建設業の安全衛生管理の向上に尽くし、厚生労働大臣功労賞、同雇用改善推進賞、国土交通大臣表彰など多くの表彰を受賞している。株式会社大林組では、安全業務を40年間の長きにわたり担当し、その間、東京本社労務安全部長を13年間務めた。欧州、北米、東南アジアなど世界の数多くの建設現場の視察、見聞実績をベースに、グローバルな見方で建設業の安全衛生管理についての提言、研究活動を幅広く行っている。また、東京安全研究所の所長として講演、研修の依頼を受け全国的に活躍中である。

職長・安全衛生責任者と事業主が現場ではたす事業者責任

2023 年 10 月 3 日　初版

著　　　者	林 利成
発 行 所	株式会社労働新聞社
	〒 173-0022　東京都板橋区仲町 29-9
	TEL：03-5926-6888（出版）　03-3956-3151（代表）
	FAX：03-5926-3180（出版）　03-3956-1611（代表）
	https://www.rodo.co.jp　　　pub@rodo.co.jp
表　　　紙	オムロプリント株式会社
印　　　刷	株式会社ビーワイエス

ISBN 978-4-89761-943-9